行最大的 善

The
Most
Good
You
Can Do

实效利他主义

改　　变

我们的　生活

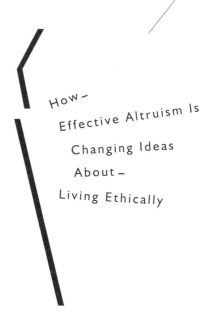

How –
Effective Altruism Is
Changing Ideas
About –
Living Ethically

［澳］彼得·辛格（Peter Singer）—著

陈玮　姜雪竹—译

图书在版编目（CIP）数据

行最大的善：实效利他主义改变我们的生活／[澳] 彼得·辛格　著；陈玮，
姜雪竹　译．—北京：生活·读书·新知三联书店，2019.4
ISBN 978 - 7 - 108 - 06444 - 8

Ⅰ．①行…　Ⅱ．①彼…②陈…③姜…　Ⅲ．①慈善事业－研究－世界
②利他主义－研究　Ⅳ．① D57 ② B822.2

中国版本图书馆 CIP 数据核字（2018）第 303328 号

责任编辑　黄新萍
装帧设计　张　红
责任校对　龚黔兰
责任印制　徐　方
出版发行　生活·讀書·新知 三联书店
　　　　　（北京市东城区美术馆东街 22 号 100010）
网　　址　www.sdxjpc.com
图　字　01-2019-0708
经　　销　新华书店
印　　刷　三河市天润建兴印务有限公司
版　　次　2019 年 4 月北京第 1 版
　　　　　2019 年 4 月北京第 1 次印刷
开　　本　880 毫米 × 1230 毫米　1/32　印张 7
字　　数　105 千字
印　　数　0,001－7,000 册
定　　价　35.00 元
（印装查询：01064002715；邮购查询：01084010542）

目 录

c o n t e n t s

前　言

　　一场令人激动的新运动正在出现：这就是实效利他主义。各种与此相关的学生组织正在形成，在社交媒体页面和网站上，在《纽约时报》（*New York Times*）和《华盛顿邮报》（*Washington Post*）上，针对这一话题都有激动人心的讨论。

　　实效利他主义（Effective Altruism）基于一个非常简单的理念：我们应该尽可能行最大的善。遵守一般的准则——不偷窃、不欺骗、不伤人、不杀人——是不够的；至少对于我们当中那些有幸过着富足的物质生活的人来说，对于能让自己和家人在有吃、有住、有穿之外还有富余的金钱和时间来享受的人来说，是不够的。过一种最低限度可接受的伦理生活，要求我们用大量的富余资源来使世界变得更好。过一种充分的伦理生活则意味着要去做我们所能做的、最大的善。

　　虽然在实效利他主义运动中最活跃的人是"千禧一代"（也就是新千年之初诞生的第一代），但是年长的哲学家（包括我在内）早在其得名之前、在运动兴起之前，就已经开始讨论实效利他主义了。作为哲学分支的实践伦理学在实效利他主义的发展中扮演了重要角色，实效利他主义又反过来证明了哲学的重要：哲学能够改变——有时候甚至是剧烈地改变——那些涉足哲学的人们的生活。

大多数实效利他主义者不是圣人，而是像你我一样的普通人，所以很少有实效利他主义者宣称自己过着充分意义上的伦理生活。他们之中的大多数人都认为自己介乎最低限度可接受的伦理生活与充分意义上的伦理生活之间。这并不意味着他们会因为自己不能在道德层面达到完善而始终感到内疚。实效利他主义者不觉得内疚有什么意义。他们更愿意把目光放在自己所行的善事上面。他们之中的一些人知道自己的行动正在切实地令世界变得更好，并因此而感到满意。而其中多数人都愿意挑战自己，要求自己每一年都做得比去年更好。

实效利他主义在以下几个方面尤为引人注目，下面我会逐一探讨。首先，也是最重要的一点在于，实效利他主义正在改变世界。慈善是一个非常庞大的产业。单在美国就有将近100万家慈善机构，每年收到大约2000亿美元的善款，此外还有1000亿美元捐给宗教会众。少数慈善机构所行的是彻头彻尾的诈骗，但一个更大的问题是，几乎没有机构透明到足以让捐款人判断自己是否真的在行善。之所以能筹得3000亿美元，主要是源于人们对慈善机构帮助人类、动物或是森林等景象所产生的情感反应。实效利他主义试图改变这一点，方式就在于为慈善机构提供激励，促使他们证明自身的有效性。这一运动迄今已经为那些真正减少了极端贫困所引起的痛苦或死亡的慈善机构注入了上百万美元。

其次，实效利他主义是一种方式，能够为我们自己的生活赋予意义，令我们在自己的行为中获得满足感。许多实效利他主义者都说，自己在做善事的时候会感觉很好。实效利他主义者直接使他人获益，也经常间接地令自己受益。

第三，实效利他主义为一个哲学和心理学方面的老问题提供了新启示，即我们是否在根本上由自身的天然需求和情感反应驱使着做出行动，而只是用我们的理性能力来为那些在开始慎思要如何行动之前就已经决定的行动增加一层辩护性的掩饰？**或者说，在我们决定如何生活时，理性能否起到关键性的作用？**究竟是什么力量驱使我们中的某些人超越自身利益、超越所爱之人的利益而去关心陌生人、后代以及动物的利益？

最后，实效利他主义的出现和许多"千禧一代"在工作之余对于这一运动表现出的热情与智识，让我们有理由对未来保持乐观。人们能否真的出于对他人的利他主义关切而做出行动，在这个问题上长期存在着某种怀疑论主张。一些人认为，我们的道德能力仅限于帮助我们的亲属，帮助那些与我们有利益关系或者可能有利益关系的人，以及那些属于我们的族群或者小团体的成员。实效利他主义提供证据表明，情况并非如此。它表明了我们可以扩大自己的道德视界，基于某种宽泛的利他主义形式而做出决定，而且我们可以运用理性来评估我们的行动可能产生的结果。这样，我们就有理由希望，下一代及其后代能够承担起新时代的伦理责任，在那个时代里，我们的问题将既是全球性的，又是地方性的。

致　谢

　　这本书的灵感源自所有践行实效利他主义的人，你们的存在就是对犬儒主义者的反击——他们认为人类没有能力去过一种将陌生人的福祉看得极为重要的生活。你们将对他人的关心与基于理性和事实证据而行动的承诺结合起来，以此促成了实效利他主义运动（而这正是本书的核心）。我要感谢书中提到的人，谢谢你们允许我和更多的人分享你们的故事。你们这样做，其实也是再一次遵从事实证据——研究显示，在这种情况下，当人们得知其他人在帮助陌生人，他们就更有可能做出同样的行为。

　　我选择这一主题的直接原因是耶鲁大学"凯索讲座"（Castle Lectures）的邀请。我要感谢凯索讲座委员会，特别是主席尼古拉斯·萨本尼斯（Nicholas Sambanis）和资助人约翰·凯索（John Castle）。就像凯索先生在讲座后的晚宴上说的，在我的观点和一个事实之间存在着某种张力：我的观点关系到向那些非常富有的大学捐款，而事实则是，他的捐助令我得以向耶鲁大学的数百名本科生（现在他更可以补充——向更广大的读者）阐述我的观点并由此而影响他们今后的行动。我十分希望，相较于任何其他使用这笔财富的方式而言，他的这份馈赠能够产生最大的善——尽管我坚持认为，他当初做出这个决定的时候，不可能已经理性地预见到会有如此幸运的结果。

许多人读过本书的全部或部分草稿，并提供了有益的评论或是回复了我的询问。我特别要感谢安东尼·阿皮亚（Anthony Appiah）、保罗·布鲁姆（Paul Bloom）、动物保护组织评估者（ACE）的乔·伯克曼（Jon Bockman）和艾莉森·史密斯（Allison Smith）、"捐助肾脏"慈善机构（Give A Kidney）的保罗·冯·德·博驰（Paul van den Bosch）、"活体肾脏捐献"慈善机构（Living Kidney Donation）的尼克·博斯特鲁姆（Nick Bostrom）、理查德·巴特勒－保顿（Richard Butler - Bowdon）和迪·弗兰克（Di Franks）、"善捐"慈善机构（GiveWell）的霍尔顿·卡诺夫斯基（Holden Karnofsky）、卡塔日娜·德·拉兹瑞－拉迪克（Katarzyna de Lazari - Radek）、彼特·赫福特（Peter Hurford）、迈克尔·李夫曼（Michael Liffman）、威尔·麦克阿司克尔（Will MacAskill）、姚·尼亚克（Yaw Nyarko）、凯勒布·翁蒂韦罗斯（Caleb Ontiveros）、托比·欧德（Toby Ord）、瑟恩·普莫（Theron Pummer）、罗伯·里驰（Rob Reich）、苏珊娜·洛夫（Susanne Roff）、阿加塔·萨根（Agata Sagan）以及亚勒克桑德拉·塔拉诺（Aleksandra Taranow）。特别感谢莫娜·菲黛尔（Mona Fixdal），在"实践伦理学"在线课程的准备过程中，她提供了极大的帮助，令我得以有更多的时间来撰写本书。图表 1 和图表 2 是经茉莉亚·怀斯（Julia Wise）许可后重印的。书中的插图则由比尔·奈尔森（Bill Nelson）制作。最后，我要感谢耶鲁大学出版社的团队：感谢我的编辑比尔·弗鲁赫特（Bill Frucht），他在本书的写作过程中提供了富有建设性的批评；感谢劳伦斯·肯尼（Lawrence Kenney），他在文字编辑方面提供了建议；感谢助理编辑贾亚·查特吉（Jaya Chatterjee）以及负责整个流程的内部产品编辑玛格丽特·奥策尔（Margaret Otzel）。

本书的部分段落采用了我之前发表的作品。我在《"感人"很好，但慈善捐助更需要理智》（*Heartwarming causes are nice，but let's give to charity with our heads*，《华盛顿邮报》，2013 年 12 月 20 日）一文中首先写到了"蝙蝠小子"（Batkid）。第十一章中的部分论证曾在我的《好慈善，坏慈善》（*Good Charity，Bad Charity*，《纽约时报》，2013 年 4 月 11 日）一文中提出。第十五章的部分内容曾经发表在我和尼克·贝克斯塔德（Nick Beckstead）、马特·韦之（Matt Wage）合写的文章《防止人类灭绝》（*Preventing Human Extinction*，网址 www.effective‑altruism.com/preventing-human-extinction.）之中。关于理性与情感在推动利他主义过程中的作用，更加充分的论述可以参看卡塔日娜·德·拉兹瑞－拉迪克与我合著的《宇宙的观点》（*The Point of View of the Universe*）的第二章。

彼得·辛格
普林斯顿大学人类价值中心
墨尔本大学历史与哲学研究学院

第 一 部 分

实效利他主义

1

什么是实效利他主义

2009 年，我遇见了马特·韦之（Matt Wage），他当时选修了我在普林斯顿大学开设的"实践伦理学"课程。他阅读了关于全球贫困问题以及我们对此应当如何作为的课程材料，知道了拯救一个患病的孩子大概需要多少费用——这个孩子只是数百万孩子中的一员，而我们完全可以避免每年有这么多孩子因疾病而死去或是可以为他们提供治疗。这个认识令马特开始计算自己这一辈子能拯救多少生命——假定他能赚社会平均水平的薪水，捐出其中 10% 给一个极为切实有效的组织，例如，一个为很多家庭提供蚊帐以防止疟疾（导致孩童死亡的主要原因之一）的组织。他发现，按照这个捐助程度，他能拯救大约 100 条生命。他对自己说："假如你看见了一栋起火的楼，你冲进熊熊烈焰，踢开门，让 100 个人逃生。这将是你生命中最伟大的时刻。而我也可以做出同样伟大的善举！"[1]

两年之后，马特毕业了。他的毕业论文获得哲学系年度最佳

---

[1] 引自马特·韦之给本书作者的电子邮件（2013—2014 年），以及他来参与我在普林斯顿大学的课程（2013 年 10 月 23 日）时的讨论。当时课程有录音，并且作为"实践伦理学"课程的一部分于 2014 年 3 月至 6 月首先在网络课程平台（Coursera）上发布。

论文奖。牛津大学研究生院录取了他。许多哲学专业的学生都梦寐以求这样的机会——我知道我自己当年是这样的——但是马特当时对于"什么职业能够行最大的善"这个问题做了很多考虑，也和别人进行了探讨。这让他做出了一个非常不同的选择：他找了一份华尔街的工作，进了一家套利交易公司。因为有了更高的薪水，他就能捐出更多的善款（无论是以百分计还是以美元算，都超过一个教授收入的10%）。毕业后第一年，马特的捐款达到了六位数——差不多是他的年收入的一半——都捐给了切实有效的慈善机构。他正在拯救100条生命的路上，这无须花费他一生的时间，而是在他工作的头一年或头两年，以及在此之后的每一年都可以办到。

马特是一位实效利他主义者。他的职业选择是成为实效利他主义者的众多可行的方式之一。实效利他主义者会以如下方式行事：

※ 生活节制并将相当一部分收入（通常远远多于传统的10%）捐给最为切实有效的慈善机构。

※ 研究并同他人讨论哪些慈善机构是最切实有效的，或者参考其他独立评估人所做的调查。

※ 选择自己能够获得最高收入的职业，但不是为了活得滋润，而是为了做更多的善事。

※ 在网上或是面对面地与他人讨论捐助，这样实效利他主义的理念就会传播开来。

※　将他们身体的某部分（血液、骨髓甚至是肾脏）赠予陌生人。

在接下来的章节里，我们会看到那些切身实践这些事情的人。

是什么将这些行动统一在"实效利他主义"的旗帜下？现在的标准定义是："一种哲学和一场社会运动，旨在应用证据和理性来找出改善世界的最有效方式。"[①] 这个定义没有涉及任何关于实效利他主义者的动机或他们需要付出的牺牲或代价。由于这场运动名字中包括了"利他主义"，这种缺失就显得有些奇怪。利他主义与只关心自己的利己主义相对，但我们不应该认为实效利他主义必定要求自我牺牲——如果自我牺牲就意味着必定与一个人自身的利益相冲突的话。如果尽最大努力帮助别人意味着你也过上了不错的生活，那么这对每个人来说都是可能获得的最好结果。我们将在第九章看到，许多实效利他主义者否认他们的行动是一种牺牲。但他们仍是利他主义者，因为他们的首要关注是尽其所能而行最大的善。他们在其中体会到成就与个人幸福，这个事实无损于他们所秉持的利他主义。

研究捐助行为的心理学家已经注意到，有的人会向一家或两家慈善机构捐赠数额惊人的金钱，其他人则向许多慈善机构捐助小额善款。那些捐给一两家慈善机构的人希望得到慈善机构如何行动

[①]"实效利他主义"（Effective Altruism），参见维基百科（Wikipedia），http://en.wikipedia.org/wiki/Effective_altruism, April 15, 2014。

的事实证据，想要知道捐款是否真的产生了积极的影响。如果证据显示慈善机构确实在帮助别人，他们就会捐出大额的善款。而那些向许多慈善机构捐助小额善款的人则对这些机构是否真的帮助了别人并不是特别感兴趣——心理学家称为"温情效应的捐助行为"（warm-glow giving）。意识到自己在给予，这令他们感觉良好，而不去考虑捐款产生的影响有多大。在许多例子中，捐款额是如此之少（10 美元或者更少），以至于如果他们停下来想想，就会发现处理这项捐款的手续费可能都超过了捐款数额本身。①

2013 年，随着圣诞节的临近，2 万多人聚集在旧金山，围观一个 5 岁的男孩装扮成蝙蝠小子（Batkid），在一名扮成蝙蝠侠的成年演员的陪伴下，乘着蝙蝠侠的座驾环游旧金山。这对搭档拯救了一名身陷囹圄的年轻女子，抓住了恶棍"谜语人"（the Riddler），由于在打击犯罪方面所做的贡献，他们还获得了"哥谭市"的钥匙，由市长亲自颁发——不是演员，真的是旧金山市的市长。这个叫迈尔斯·斯科特（Miles Scott）的男孩因白血病而化疗三年，当被问

---

① 参见 Dean Karlan and Daniel Wood, "The Effect of Effectiveness: Donor Response to Aid Effectiveness in a Direct Mail Fundraising Experiment," Economic Growth Center Discussion Paper No. 1038/Economics Department Working Paper No.130, Yale University, April 15, 2014, http://ssrn.com/abstract=2421943; 关于温情效应捐赠的讨论，特别参见第 2—5 页；第 15 页则提到了低于处理成本的捐赠。关于温情效应捐赠的其他研究，参见：Heidi Crumpler and Philip J. Grossman, "An Experimental Test of Warm Glow Giving," Journal of Public Economics 92（2008）: 1011–1021; 以及 Clair Null, "Warm Glow, Information, and Inefficient Charitable Giving," Journal of Public Economics 95（2011）: 455–465。

起自己最大的愿望是什么，他回答，"成为蝙蝠小子"。"梦想成真"基金会（Make-A-Wish Foundation）于是令他的梦想变成了现实。

这令你感到温暖了吗？我感觉到了，即使我知道这个动人的故事还有另一面。"梦想成真"基金会不会透露为了帮迈尔斯圆梦而花了多少钱，但基金会的确说过，满足一个孩子的愿望的平均花费为7500美元。[①] 实效利他主义者会像其他人一样，情感上希望能为生病的孩子圆梦，但他们同时也明白，7500美元可以用来帮助很多家庭预防疟疾，由此可以拯救至少三个孩子的生命，甚至更多。拯救一个孩子的生命必定比满足一个孩子成为蝙蝠小子的愿望更好。如果让迈尔斯的父母在以下两者之间选择：是做一天蝙蝠小子还是完全治好儿子的白血病，他们肯定会选择后者。当我们可能拯救的是不止一个孩子的生命，答案就更加明显。既然如此，那为什么还有这么多人为"梦想成真"基金会捐款——如果他们将善款捐给"对抗疟疾"基金会（Against Malaria Foundation）就能实现更大的善？"对抗疟疾"基金会所做的是非常切实有效的行动，就是为疟疾高发地区的家庭提供蚊帐。而人们为"梦想成真"捐款的原因之一是情感的驱动：你知道自己在帮助这个孩子——你可以在电视上看到他的面孔，而不是那些人们不知道也无从得知的孩子，尽管如果你的捐款没有为他们提供睡眠时所用的蚊帐，他们可能会死于疟疾。另一个原因则在于这个事实：

---

① "梦想成真"基金会："迈尔斯的愿望：成为蝙蝠小子"（"Miles' Wish to Be Batkid"），http://sf.wish.org/wishes/wish-stories/i-wish-to-be/wish-to-be-batkid。

"梦想成真"对美国人有吸引力，而迈尔斯也是个美国孩子。

实效利他主义者会有冲动去帮助一个来自与自己同一国家、地区或族群的、身份具体的孩子，但他们接着会问自己这是不是最好的决定。他们知道拯救一条生命比圆一个梦更好，拯救三条生命比拯救一条生命更好。因此他们不会将善款捐给任何一个所作所为最让他们觉得感动的组织及事业，而是会捐款给那些有能力、时间和经济实力行最大善的组织。行最大的善是个模糊的概念，它引发了很多问题。其中更显著的问题及其初步答案如下：

什么算作"最大的善"？

实效利他主义者对这个问题会有不同的回答，但他们确实都看重某些价值。他们都会认为，在其他条件相同的情况下，一个较少苦难、较多幸福的世界比一个较多苦难、较少幸福的世界更好。很多人都会认为，在其他条件相同的情况下，一个居民寿命更长的世界比一个居民寿命更短的世界更好。上述价值解释了为什么实效利他主义者愿意帮助处于极端贫困的人们。正如我们将在第十章看到的，如果我们将一定数额的金钱用于帮助那些生活在极端贫困状态下的发展中国家人民，那么，相较于我们将同样金额捐给大多数其他慈善事业，这笔钱能够在更大程度上减少痛苦并拯救生命。

是不是每个人的苦难都可以等同看待？

实效利他主义者不会因为受苦的人是在远处或其他国家或是属

于其他种族和宗教信仰就认为这种苦难更小。他们都认为动物所遭受的痛苦也是同样的，而且一致认为，我们不应该因为受苦的不是我们这一物种就轻视这种苦难。然而，关于如何权衡动物所遭受的痛苦与人类所经历的苦难，他们之间可能会有分歧。[①]

"行最大的善"是否意味着优先考虑自己的孩子是错的？将家庭成员和亲密好友的利益放在陌生人的利益之前显然不可能是错的，不是吗？

实效利他主义者可以同意，一个人对自己的孩子负有特别的责任，要排在陌生人的孩子之前。我们可以用各种可能的理由来支持这一点。大多数父母爱他们的孩子，要求父母不偏不倚地对待自己的孩子和其他孩子是不现实的。我们也不会劝阻这种偏爱，因为孩子在亲密的、充满爱的家庭中才能茁壮成长，而我们对所爱之人的幸福所给予的关心必定会超过对其他人的关心。无论怎样，虽然行最大的善是每个实效利他主义者生命中的重要组成部分，但实效利他主义者是真实的人，而不是圣人，他们不会全天候地、在每一件具体的事情上都寻求善的最大化。就像我们将会看到的，典型的实效利他主义者会给自己留出时间和资源来放松，做自己想做的事。对我们大部分人来说，同孩子和其他家庭成员或好友保持亲密是我

---

① 例如参见 Holden Karnofsky, "Deep Value Judgments & Worldview Characteristics," http://blog.givewell.org/2013/04/04/deep-value-judgments-and-worldview-characteristics。

们最想投入时间、精力去做的事。不过，实效利他主义者也认识到，鉴于其他人具有更迫切的需要，因此他们为自己的孩子所做的事情也应是有限度的。实效利他主义者不认为自己的孩子需要所有最新款的玩具或者奢侈的生日派对，他们也拒绝接受下面这个人们普遍接受的假设，即父母去世后要将一切财产都留给孩子，而不是将其中的大部分赠予那些更能从中获益的人。

其他的价值（如正义、自由、平等、知识）又如何呢？

大多数实效利他主义者认为，其他的价值之所以是好的，是因为它们对于构建共同体来说是根本性的——正是在这些共同体中，人们能够更好地生活，免受压迫，更有自尊、有自由去从事自己想做的事情，而且可以减少所承受的痛苦并避免过早地死亡。[①] 有些实效利他主义者无疑认为，这些价值并非由于上述后果而是善的，而是因其自身就是善的，但其他人并不这么认为。

推进艺术发展是"最大程度行善"的一部分吗？

在已经克服极端贫困和其他主要问题的世界中，推动艺术发展是值得追求的目标。然而，在我们所生存的这个世界里（第十一章会讨论其中原因），给歌剧院和博物馆捐款不太可能是"最大程度的行善"。

---

① 参考文献见前一条注释。

有多少实效利他主义者？每个人都能实践实效利他主义吗？

对于有闲余的时间或金钱的人来说，每个人都可以实践实效利他主义。不幸的是，大多数人——哪怕是职业慈善顾问（见第十一章）——都认为不必对所要捐助的慈善机构考虑太多。所以，让每个人立刻成为实效利他主义者是不可能的。更有趣的问题是，能否让实效利他主义者的人数多到可以影响富裕国家的捐赠文化。现在已经有迹象显示，这种转变正在发生。

如果一个人的行为会减少苦难，但是这样做就必须说谎或者伤害一个无辜的人，那该怎么办？

一般来说，实效利他主义者认识到，如果要违背禁止杀人或者严重伤害无辜的道德准则，几乎一定会带来比遵守准则更糟糕的结果。即使是那些完全依据行动的后果来判断其对错的、彻底的功利主义者，也会提防某种推测性的论断，这些推论认为我们应该为了某个遥远的、未来的善而在当下侵犯基本的人权。他们知道，在某些政权的统治下，某种未来的乌托邦图景曾被用来辩护无法言说的暴行。甚至在今天，某些恐怖分子也会通过想象自己将会创造一个更好的未来而对其罪行加以辩护。实效利他主义者不想重复这样的悲剧。

假设我在发展中国家开了一家工厂，付给工人的工资高于当地标准，并足以使他们脱离极端贫困，那么即使我从工厂的业务中获利，我依然是一名实效利他主义者吗？

你用利润做什么？如果你决定在发展中国家开办工厂是为了让人们有可能脱离极端贫困，那你就会将大部分利润投入到帮助更多的人脱离极端贫困的事业中。这样的话，你就是一个实效利他主义者。反之，如果你用这笔利润来尽可能地享受奢华生活，那么你使一些穷人受益的事实并不足以令你成为一个实效利他主义者。在这两个极端之间还有各种各样的中间状态。你可以将利润的一部分再投资，以此来帮助更多的人获得一份体面的收入，同时保留足够的利润以使自己的生活水平远高于员工的生活水平，这样你还处在实效利他主义的范围之内——你至少过着一种最低限度的、得体的伦理生活，即使不是完善的伦理生活。

捐钱给你的学院或大学怎么样？你在普林斯顿大学教书，这本书又是以你在耶鲁大学的讲座为基础而写成的，而演讲又得益于一位耶鲁校友的慷慨馈赠。你会否认捐钱给这些机构算是实效利他主义吗？

我觉得自己能在全世界最好的教育机构之一任教非常幸运。这令我有机会教导那些非常聪明也非常勤奋的学生（比如马特·韦之），他们可能会对世界产生极为重大的影响。出于同样的原因，我也非常高兴地接受耶鲁大学"凯索讲座"的邀请。但是在我写这本书的时候，普林斯顿大学获得了 210 亿美元的捐款，耶鲁大学获得的捐款是 239 亿美元。目前，校友捐款已足以确保这些大学继续保持其杰出教育机构的地位，而你捐给其中某所学校的钱，在其他地方可能会产生更大的善。如果实效利他主义已经过于普及，以至于这些院校因此而无法继续从事高水平的重要研究，那么到那个时候，考虑要不要给这些大学捐款可能会再次成为某种实际有效的利他主义。①

① 关于普林斯顿大学和耶鲁大学所受捐助的数字来自Daniel Johnson, "Updated: Princeton Endowment Rises 19.6%, Now Valued at $21 Billion," Daily Princetonian, October 17, 2014, http://dailyprincetonian.com/news/2014/10/endowment_rises_to_21_billion/；以及 Michael MacDonald, "Harvard's 15.4% Gain Trails as Mendillo Successor Sought," Bloomberg News, September 24, 2014, http://www.bloomberg.com/news/2014-09-23/harvard-has-15-4-investment-gain-trailingdartmouth-penn-1-.html。

2

运动兴起

很多人都对实效利他主义的产生发挥过影响，我也可以说是其中一员。1972年，当时我还是牛津大学的初级讲师，写了一篇名为《饥荒、富裕与道德》（*Famine, Affluence and Morality*）的文章，在其中论证道，鉴于人们在饥荒与类似的灾难中所遭受的重大磨难，我们应该将收入的大部分捐给救灾基金。具体来说是多少呢？我建议，从逻辑上讲，直到我们到达边际效用之前，都不应该停止——也就是说，直到我们再多捐一点钱就会使自己和家人受到损失，而这损失与接受捐助者所获得的受益同样多。在接下来的40多年中，这篇文章被广泛重印并被全世界的教授用来挑战学生的信念——后者本以为自己过着一种伦理的生活。①

但问题是，即使我论证了我们应该这么做，我自己也没有做到。在我写这篇文章的时候，我的妻子和我捐出了收入（处于中等水平）的大约10%（她当时是一名高中老师，赚得比我多一点）。这个比例逐年增长。现在，我们捐出大概1/3的收入，并朝着1/2的目标前进，

---

① 这篇文章还将再次重印，并且作为一本著作由牛津大学出版社出版（纽约：2015年）。

但这个比例还远未达到边际效用的程度。其中一个原因让我们在心理上觉得很难提高捐款额度：多年来，我们捐款所占的收入比例要远远高于我们认识的其他人。即使包括那些巨富在内，也没有人比我们所捐的收入比例更高。

2004 年，《纽约客》（*The New Yorker*）刊登了泽尔·克拉文斯基（Zell Kravinsky）的事迹。克拉文斯基几乎把自己 4500 万美元的不动产全都捐给了慈善机构。他把一部分钱放进给妻子和孩子的信托基金，但孩子们都上公立学校，他和家人每年的花费约 6 万美元。他还认为自己在帮助他人方面做得不够好，所以他在离家不远的医院安排手术，捐了一个肾给陌生人。《纽约客》的这篇文章将我32 岁时写的论文与克拉文斯基的生活方式联系起来，更引用他的话："我应该把所有财产都捐出来，并奉献我所有的时间和精力，在我看来这是非常清楚的。"①

此前我一直在普林斯顿大学任教，离克拉文斯基的住处不远，于是我邀请他来我的一门课上做报告——从那时起，他会经常接受邀请去大学做报告。克拉文斯基是个非常出色的人：他有一个教育学的博士学位，还因研究弥尔顿（John Milton）的诗歌而获得另一个博士学位。他先是在宾夕法尼亚大学任教，然后放弃学术生涯而转向不动产投资，所以他在大学的环境中感到很自在。虽然喜欢诗歌，但他用数学术语来阐述自己的利他主义。他引用科学研究来表

---

① 参见 Ian Parker, "The Gift," New Yorker, August 2, 2004。

明，因捐献一个肾脏而导致的死亡率仅仅是 1/4000，并以此指出，不捐献肾脏就意味着他认为自己的生命价值是一个陌生人的生命价值的 4000 倍，而这是完全没有道理的。他甚至告诉《纽约客》访谈文章的作者伊安·帕克（Ian Parker），很多人之所以不理解为什么他想要捐献肾脏，是因为"他们不懂数学"。

大约就在我读到有关克拉文斯基的报道时，我发现了麻省理工学院经济学教授阿皮季德·班纳吉（Abhijit Banerjee）和埃斯特·迪佛洛（Esther Duflo）的著作，他们成立了"扶贫行动实验室"（Poverty Action Lab）来进行"社会实验"——通过经验研究来发现哪种对抗贫穷的干预手段是有效的，哪种无效。迪佛洛指出，如果没有这样的证据，我们对抗贫困就相当于中世纪医生依靠放水蛭来对抗疾病。[①] 班纳吉和迪佛洛率先使用随机对照实验（医药行业的黄金法则）来检验具体的援助计划。截至 2010 年，"扶贫行动实验室"的相关研究者——现在被称为"阿卜杜勒·拉蒂夫·贾米尔扶贫行动实验室"（Abdul Latif Jameel Poverty Action Lab）——在 40 个国家进行了 240 场实验。迪恩·卡兰（Dean Karlan）曾是班纳吉和迪佛洛的学生，现在是耶鲁大学经济学教授，他成立了"扶贫行动创新实验室"（Innoavation for Poverty Action Lab），后者是一家非营利组织，旨在弥合学术研究与实际发展之间的鸿沟。"扶贫行动创新实验室"

[①] 参见 Esther Duflo, "Social Experiments to Fight Poverty," TED Talk, February 2010, http://www.ted.com/talks/esther_duflo_social_experiments_to_fight_poverty.

现在已经有 900 名员工和 2500 万美元的预算，而随机试验的观念现在显然已经普遍为人们所接受。

2006 年，霍尔顿·卡诺夫斯基（Holden Karnofsky）和艾利·哈森菲尔德（Elie Hassenfeld）刚刚 20 多岁，为康涅狄格州的一家对冲基金工作，赚的钱比他们想要花的还多。他们和几个同事一起，计划将很大一部分收入捐给慈善机构——但是捐给谁？（"扶贫行动实验室"和"扶贫行动创新实验室"评估具体的干预方式，比如分发蚊帐以避免人们传染疟疾，但并不评估慈善机构自身，而大多数慈善机构都同时运行着好几个项目。）卡诺夫斯基、哈森菲尔德及其同事熟知如何分析大量数据以便确定合理的投资。他们联系了几家慈善机构并询问一笔善款能达成何种结果。他们拿到了很多印刷精美的宣传手册，上面印着微笑的孩子，但没有任何数据显示慈善机构的实际工作成果和成本。他们打电话给慈善机构，说明他们想要了解的信息，但毫无进展。一家慈善机构告诉他们，他们想要了解的信息是机密。卡诺夫斯基和哈森菲尔德发现了一个需要填补的空白。在同事的经济资助下，他们建立了"善捐"（GiveWell），该组织将对于慈善机构的评估提到了新的水平。他们很快就发现无法兼职从事这项工作，于是离开了对冲基金，这使他们的收入减少了不止一半。他们的假设是，如果足够多的人能采纳"善捐"网站上的建议，慈善机构就会认识到，公开透明并表明自己的工作切实有效，这将对它们自身有益。"善捐"估计，2013 年，有超过 1700 万美元的善款捐给了他们评分最高的慈善机构——这是他们的评估所产生的影响之一。虽然这个数字还不足以对整个慈善领域产生根本性的影响，但自从"善捐"运营以来，该数字每年都在快速增长。"善捐"的存在对于实效利他主义运动的发展具有极为重要的意义。现在，如果有怀疑论者问道，我如何才能知道我的捐款真的会帮助到需要它的人，那我们就有了一个很好的答案：如果你捐给"善捐"评分最高的慈善机构之一，那么你可以放心，你的捐款会用于行善，并且有很高的成本效益。①

在卡诺夫斯基和哈森菲尔德建立"善捐"的时候，托比·欧德（Toby Ord）正在牛津大学学习哲学。欧德是来自澳大利亚的本科生，本来在墨尔本大学学习计算机科学和数学，但是他经常参与有关伦理与政治话题的辩论。当他表达自己对贫困的看法时，他的朋友会反驳说："如果你真这么认为，那你为什么不把大部分钱都捐给那些在非洲挨饿的人呢？"其实他的朋友认为这个结论是荒谬的，但欧德问自己："如果我的钱给他人带来的帮助远超过给我带来的帮助，那我为什么不这么做呢？"

欧德对伦理学的兴趣日益浓厚，于是他读了第二个本科学位，哲学专业。他的表现非常优异并因此获得了牛津大学的奖学金，他的博士论文主要研究我们应该如何决定做出什么行动。他一直对实践伦理学有兴趣，并读了我的文章《饥荒、富裕与道德》。他开始

---

① 对于"善捐"及其评估方法，更多讨论参见本书第14章。关于"善捐"在改变人们捐款方面的影响，http://www.givewell.org/about/impact。

认真地思考自己能为处于极端贫困中的人做些什么。那时他靠研究生奖学金而过着舒适的生活，他注意到，这笔一年 1.4 万英镑的奖学金令他成为世界人口总数中收入位列前 4% 的人之一——即使根据流向发展中国家的资金总数进行调整之后依然如此。[1] 在他毕业后，他还会赚得更多。他决定估算一下：假设自己能拿一份学术界平均水平的薪水，在扣除满足自身需求的花费后，他这一生能够捐出多少善款。他估计自己的收入大概能达到 150 万英镑，或者 250 万美元（按 2005 年汇率计算）。他认为自己能捐出其中的 2/3，也就是 100 万英镑或 170 万美元。然后他问自己，如果把这些钱捐给最切实有效的慈善机构，能做多少善事。按他的估算，在保持不错的生活品质之余，他捐出的善款能帮助 8 万人治愈失明或者维持 5 万年的健康生活。[2] 也就是说，他的捐款或者可以拯救 1000 个孩子的生命，其中每个人都可以再健康地生活 50 年，或者能令 5000 人健康地再活 10 年。与这些巨大的益处相比，欧德设想自己将要做出的牺牲实在是非常微小——每年只有 2 万英镑（考虑到通胀率，大致相当于 3.4 万美元）的生活费，将其余的钱全部捐出去。他的妻子伯纳黛德·杨（Bernadette Young）是一位医生，她保证将收入中超出 2.5 万英镑（42600 美元）之外的部分全都捐出去。欧德后

① 参见 Tom Geoghegen, "Why I'm Giving £1m to Charity," *BBC News Magazine*, December 13, 2010, http://www.bbc.co.uk/news/magazine–11950843；以及托比·欧德与作者的电子邮件，2014 年 7 月。

② "5 万年健康生活"的说法来自 http://www.givingwhatwecan.org/about-us/history/profile- of-founder（2/20/2014）。在其他场合，欧德引用了这里关于治愈失明的数字。

来把自己的津贴降到 1.8 万英镑（30600 美元），因为他发现每年 2 万英镑超出了生活舒适所需——哪怕已经涵盖了去法国或意大利度假的费用。①

欧德想要分享自己的发现：对世界产生积极的影响原来是这么容易的事情。2009 年，他和另一位牛津大学的哲学专业研究生威尔·麦克阿司克尔（Will MacAskill）共同成立了"捐出我们所能"（Giving What We Can），这是一家致力于在发展中国家消除贫困的国际社团组织。成员们保证会拿出至少 10% 的收入，捐给任何一家他们认为最能在发展中国家减少苦难的组织。至本书写作时，已有 644 人做出了保证。"捐出我们所能"估计，如果人们都按其保证而捐出所得，那么最为切实有效的慈善组织将收到 3 亿 900 万美元的善款。②

除了帮助欧德运营"捐出我们所能"外，麦克阿司克尔还想成立另一个组织。学生们以及其他年轻人都能得到大量的职业建议，但这些建议中没有一个能用来回答实效利他主义者可能提出的问题：从事何种职业能够使我在一生中行最大的善？ 2011 年，麦克阿司克尔和 5 位朋友成立了"8 万小时"（80000 Hours），起这个名字是因为这大概是人们在职业生涯中会用于工作的时间。"8 万小时"研究从事何种职业能行最大的善，提供免费的职业培训并且正在建

① 参见 Geoghegen, "Why I'm Giving £1m to Charity"；以及托比·欧德与作者的电子邮件，2014 年 7 月。至 2014 年，由于通货膨胀，当时的 1.8 万英镑已经增加到 2 万英镑。

② 参见 http://www.givingwhatwecan.org（October 25, 2014）。

立一个由渴望促进世界进步的人组成的全球共同体①（想知道"8万小时"推荐的职业？本书第四章和第五章会说到这个问题）。

当"捐出我们所能"和"8万小时"决定申请同一个联盟组织下的慈善机构资格时，"实效利他主义"（effective altruism）这个词诞生了。这个联盟组织需要一个名字。在反复考虑了若干名字之后——包括"高度影响力联盟"（High Impact Alliance）和"实证慈善联合会"（Evidence-based Charity Association）等，大家投票选出了"实效利他主义中心"（Centre for Effective Altruism）这个名字。"实效利他主义"这个词很快流行起来，并成为整个运动的代名词。②

与此同时，我在继续撰写有关我们有义务帮助处于困境的人的论著。在1999年和2006年，我在《纽约时报星期日杂志》（*New York Times Sunday Magazine*）发表了文章。人们对第二篇文章的反馈非常积极，因此我将它扩展成一本书，即《你能拯救的生命》（*The Life You Can Save*），并于2009年出版。在最后一章里，我建议采取一个不断提高的捐款水平，就像税收比例，当你的收入增加时，你的纳税额也会增长。与"捐出我们所能"主张的、统一捐出10%的承诺相比，我的建议是，对于平均收入者，这个数字可以有所减低，但对于高收入者，这个比例应该提高。阿加塔·萨根（Agata Sagan）是一位波兰的研究者并且支持我在书

① 参见 http://80000hours.org/about-us。

② 参见 William MacAskill, "The History of the Term 'Effective Altruism,'" March 10, 2014, http://www.effective-altruism.com/the-history-of-the-term-effectivealtruism/。

中提出的观点，她建立了一个同名网站，这样人们就可以在网上做出保证，根据建议而捐出相应比例的收入。截至目前，已有超过 1.7 万人做出了承诺。这个网站逐渐演变成一个组织，当我收到查理·布莱斯勒（Charilie Bresler）的邮件时，这个组织已经开始运行。查理和妻子戴安娜·斯科特代表了那些即将步入传统退休年纪、不再领取固定薪水的人，他们考虑的是，在接下来的 10 年、20 年甚至 30 年的可创造价值的生命中，他们想要做什么。查理和戴安娜是 20 世纪 60 年代的学生，他们曾经参加反越战运动，并对美国政治生活的转变起到了积极作用。当他们清醒地认识到，政治体制比他们想象的还要僵化时，戴安娜转而成为一名医生，而查理获得了心理学的博士学位。在做了一段时间心理学教授后，查理"误打误撞地"（这是他的原话）成为"男人衣仓"（Men's Wearhouse，一家国际服装连锁店）的总裁。这份工作增加了他的收入，但是查理和戴安娜仍然坚持一个观点，即：在养家糊口之后，他们应该做点事情来让世界变得更好。查理读了《你能拯救的生命》，确信值得投入时间和精力来帮助那些处于极端贫困状态下的人。他现在义务担任"你能拯救的生命"的执行总监。在 2013 年——"你能拯救的生命"正式运营的第一年，根据保守估计，该组织以 14.7 万美元的预算，将 59.4 万美元的善款捐给最为切实有效的慈善机构，"投资收益率"高于 400%。①

---

① 相关数字参见 http://www.thelifeyoucansave.org/AboutUs/ImpactReport.aspx。

如 何 行 最 大 的 善

3

简单生活只为给予更多

托比·欧德计算自己一生中能做多少善事，其计算结果表明，没有高收入依然可以行极大的善。茱莉亚·怀斯（Julia Wise）是一名实效利他主义者，她的收入完全是中等水平，却向实效慈善机构捐出了数量惊人的善款。她的博客"乐于给予"（Giving Gladly）讲述了她是如何做到这一点的。她引用一位朋友对她说的话："靠着米饭和豆子过活，从不去影院看电影的生活太枯燥了。"然后她解释说，这并不是她的生活。[①]

茱莉亚和她的伴侣杰夫·考夫曼在读大学时相遇。他们并不富裕，生活中的大部分乐趣都来自于同朋友相处的时光。2009 年他们结婚时，两个人讨论过要如何生活，并一致同意应该过节制的生活，这样就算他们收入不高，也可以捐助一些钱，而当收入增加时，他们会捐出更多的钱。茱莉亚是社工，杰夫是程序员。2008 年，他们两人的收入一共不到 4 万美元，但从那时起，杰夫的收入开始

---

① 参见 Julia Wise, "It Doesn't Have to Be Hard," March 11, 2013, http://www.givinggladly. com/2013/03/it- doesnt- have- to- be- hard.html。

大幅度增长，到 2014 年 7 月，二人的共同收入达到 261416 美元。从 2008 年至 2014 年，她和杰夫每一年都捐出了共同收入的至少 1/3——除了有一年茱莉亚为了读研究生而存钱之外。而随着收入的增长，他们已经捐出年收入的一半。茱莉亚做了一个表格（图 1），统计到 2014 年 7 月为止，他们都将钱用在了什么地方。

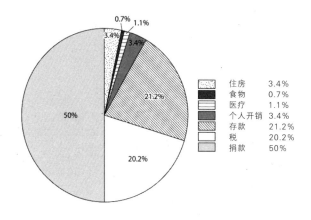

图1：茱莉亚·怀斯和杰夫·考夫曼的预算，2013年8月至2014年7月

茱莉亚和杰夫没有买车，而是使用公共交通工具，这样他们就省下了一笔开支。他们的住房开销同样很低，因为他们与人合租一套房子，但是他们知道，一旦买了自己的房子，这方面的开销就会增长。他们现在正在为买房子、退休以及未来养育孩子存钱。即便如此，他们还是能捐出一半的收入，并计划将来继续这么做。①

————————

① 这里涉及的预算数字及相关信息由茱莉亚·怀斯本人（于 2014 年 7 月）提供。

茉莉亚发现自己受益于杰夫超出平均水平的收入，但她知道，在美国，如果收入并未超出平均水平多少，那么生活会是何种景象——因为就在几年之前，她和杰夫不得不过着那样的生活。因此，她提供了一个花销与捐款的模型，假设她在 2013 年到 2014 年只能依靠 3.5 万美元的年收入生活，而这接近美国人年均收入的中等水平：

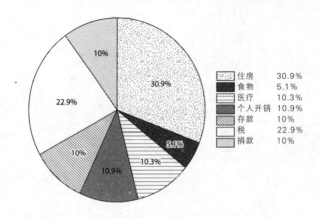

图2：波士顿地区3.5万美元年收入的个人生活预算

茉莉亚将生活开销划分为如下几类：

房租，每月 900 美元，水电等花销 100 美元（足够在波士顿地区租一间小公寓或者与朋友合租一套公寓）；

购买日用品，每月 150 美元（高于茉莉亚的实际开销）；

健康保险及其他医疗费用，每月 300 美元；

公共交通费用，每月 70 美元；

个人开销（话费、服装、娱乐等），每月 250 美元；

储蓄 10% 的薪水；

捐出 10% 的薪水。

这样一来，一个中等收入水平的人能捐出 10% 的薪水给切实有效的慈善机构，并为将来储蓄 10% 的薪水，还依然能够活得舒服、愉快。

"足够"是多少？

茱莉亚·怀斯从小就认识到，虽然她衣食无忧，但有人并非如此。从那时起，她就将自己花的每一美元都看作是从别人手中抢走的那一美元——而后者比她更需要这一美元。所以，她问自己的问题不是她应该捐出多少钱，而是她应该留下多少钱。

茱莉亚不是天主教徒，但她对自己早期觉醒的描述呼应了圣·安布罗斯（Ambrose）的论述。圣·安布罗斯是 4 世纪的米兰大主教，死后被封为圣徒，是罗马天主教会的四大圣师之一。安布罗斯说过，当你向穷人捐助时，"你不是把你的财产当作礼物送给穷人。你是把属于他的东西还给他。这些东西本来就是所有人共同分享的，你不过是擅自据为己有而已。"① 这逐渐成为基督教传统的一

---

① 引文出自 Paul VI, *Populorum Progressio*（1967），第 23 段。

部分。托马斯·阿奎那（Thomas Aquinas）则进一步论述："确切地说，在极端需要的情况下，悄悄地拿走并使用其他人的财产并不是偷窃：因为他拿走的东西是为了支持其生命，而根据这一需要，那些东西就成为他的财产。"[1] 有些人或许会对此感到惊讶，但是罗马天主教会从未驳斥过这个激进的观点，甚至还在一些场合加以重申。教皇保罗六世（Pope Paul VI）在名为《人类发展》（*Populorum Progressio*）的通谕中引用了圣·安布罗斯的论述，即"捐给穷人的东西其实本来就是属于他们的"那一段，并补充说："我们必须再次重申，富裕国家过多的财富应该用来为贫穷国家服务。迄今为止对于我们身边最亲近的人来说有益的准则，如今也必须用于这个世界上一切有需要的人。"在《人类发展》发表 20 周年时，教皇约翰·保罗二世（Pope John Paul II）在其通谕《社会事务关怀》（*Sollicitudo Rei Socialis*）中再次提起这一点，而教宗方济各（Pope Francis）也对此表示支持。[2] 问题是，除非教会充分运用其道德权威来支持这一观点，否则它们就只是空谈。教皇、主教和神父都会谴责避孕、同性恋行为和堕胎等预先判定的罪行，却甚少公开批评那些富裕的天主教徒显而易见的失败——他们未能将教会所说的、属于穷人的东西物归原主。

---

[1] 引自 Thomas Aquinas, *Summa Theologica*, II- II, Q66 A7。

[2] 参见 Pope Francis, *Fraternity, the Foundation and Pathway to Peace*, 以下网址可见：http://www.vatican.va/holy_father/francesco/messages/peace/documents/papa-francesco_20131208_messaggio- xlvii-giornata-mondiale- pace–2014_en.html。

教会关于贫困的教谕与《福音书》中耶稣回答富人的话是一致的：富人告诉耶稣，自己从小就遵守各种戒律，而他想知道自己还需要做什么才能进入天堂。据说耶稣是这样回答他的："你还差一样，就是去卖掉全部财产，捐给穷人。"[①] 亚伦·摩尔（Aaron Moore），一位澳大利亚国际救援工作者、艺术家，是少数严肃奉行耶稣这几句话的基督徒之一。在他的网站上，摩尔将上述话语和我的主张放在一起："如果我们能阻止坏事发生，而且无须牺牲任何同样重要的事情，那我们就应该付诸行动。"[②] 按照澳大利亚的标准，亚伦并不富有（他当时没有车也没有房），但当他在 www. globalrichlist.com 网站输入自己的收入时，他被告知自己是全世界收入水平前 1% 的人之一。于是，在 34 岁那年，亚伦将自己拥有的大件物品（摩托车、笔记本电脑、手机、冲浪板、潜水服和画作）都拿出来拍卖——一件都没有保留，同时以极低的价格起拍。所有的全都卖光了。他剩下的大部分财产被放在悉尼一家画廊里展出，那里被布置得就像他的家一样。他认为卖不掉的东西，比如说他穿过的内衣和底座刻了他名字的 12 个足球奖杯，都捐给了当地的救世军（Salvation Army）二手商店。亚伦把卖东西的收入及其银行

---

① The Gospel According to St. Mark, 10:21，参考版本为 New International Version。《福音书》中还有其他论述表明捐助穷人十分重要，参见：Luke 10:33, 14:13, 以及 Matthew 25:31–46。

② 参见 www.aaronmoore.com.au. 该主张出自 Peter Singer, *Practical Ethics*, 3rd ed.（Cambridge: Cambridge University Press, 2011），200。另有一个类似的主张，参见我的文章："Famine, Affluence and Morality," *Philosophy and Public Affairs* I（1972）。

存款都捐给了穷人。他离开画廊的时候，财产只剩下当时身上穿的衣服。他想要了解，真正将耶稣的话付诸实践是一种什么样的体验，他还想要发起一场关于富人对全球穷人具有何种责任的讨论。他想问：当 14 亿人还处于极端贫困状态，我们花钱去看电影或者喝印度奶茶，这样合适吗？①

亚伦的行为一半是象征性的宣言，另一半则是试着按照耶稣的话去生活。这并非有意确立一个标准，也不是要以此来限定每个人该做什么或者限定他该如何规划自己以后的人生。如今，亚伦有中等程度的财产，每月会按计划捐出一部分收入。这与其说是在践行耶稣对那位富人说的话，不如说是在践行实效利他主义，因为将所有的财产都捐给穷人会令你很难再赚取更多的收入，因此也就无法再捐出更多的财物。为了找到工作，你需要得体的衣着，今天你还需要一台笔记本电脑和一部智能手机。为了使你所能捐出的款项达到最多，最好的方式就取决于你个人所在的环境和技能，但是如果你想要完全放弃适度的舒适与便利，则很可能会产生相反的效果。

---

① 参见 Kaley Payne, "Christian Artist Sells All He Has and Gives to the Poor," *Eternity Newspaper*, December 4, 2012, http://www.biblesociety.org.au/news/christian-artist- sells- all- he- owns- and- gives- to- the- poor；以及 Aaron Moore, "Reflections of a Man Who Sold Everything He Had and Gave It to the Poor," *Eternity Newspaper*, July 1, 2013, http://www.biblesociety.org.au/news/reflections- of- a- man- who- soldeverything- and- gave- it- to- the- poor。

养育孩子

当茱莉亚还年轻的时候，她曾强烈地认为，自己关于捐助与否的选择会关乎他人的生死，因此她觉得，自己如果生孩子的话，会是不道德的，因为孩子会占据她太多的时间和金钱。她把自己的决定告诉父亲，他的回答是："听起来这种生活方式不会让你幸福。"而她当时回复道："我的幸福无关紧要。"后来她和杰夫在一起时，她意识到父亲说的是对的。不要孩子的决定令她自己很痛苦。她同杰夫讨论后决定，他们可以在抚养一个孩子的同时依然捐出大量善款。茱莉亚可以期待着成为一个母亲，这个事实令她对未来有了全新的憧憬。她猜测，相较于做一个"崩溃的利他主义者"，只有对自己的生活感到满意，她才会为世界做出更多贡献。

每个人都有边界。如果你发现自己所做的事令你感到痛苦，那就该对之重新加以考虑了。你有没有可能在相关问题上变得更积极？如果不能，那么在通盘考虑的前提下，这样是否真的会带来最好的结果？乔治·福克斯（Geoge Fox）是"社会之友"（the Society of Friends）的创办者，该组织也被称为"贵格会"（Quakers），他督促信徒成为别人的榜样并"高高兴兴地走遍全世界"。茱莉亚提到了这个观点，她说："我们不需要人们做出牺牲，把自己榨干并生活悲惨。我们需要人们高高兴兴地走遍全世界，或者至少尽最大努力这么做。"① 现在实效利他主义者的人数还相对较少，所以他们以自身为榜样来吸引其他人选择这种生活方式就很重要。茱莉亚在我的普林斯顿大学的课堂上做了发言，而她确实让人觉得她非常开心，确实是在享受自己所选择的生活。② 她提到自己和杰夫能够拯救上百条生命并改善许多人的生活条件时，将之说成是"一个极好的机遇"。③ 在回答一位学生提问时，她说，她不会告诉那些在自己身上花费巨资而从不做慈善的人，他们的生活方式是不道德的，因为"你不可能靠说教来改变一个人"。

茱莉亚承认自己也会犯错。购物的时候，她会不断地问自己，"我是否真的需要这份冰激凌，就像某个处于贫困中的女人需要给孩子接种疫苗一样迫切？"这会令购买日用品的过程变得令人抓狂，所以她和杰夫会事先决定在接下来的半年里要捐出多少钱，然后再根据剩下的钱做预算。预算之内的钱，他们就可以看作是属于自己的，可以自主支配。现在，茱莉亚不会为了节省而放弃冰激凌，因为就像她对学生们说的："冰激凌对我的幸福来说真的很重要。"

她犯过的另一个错误则是告诉父母与祖母，她不想要圣诞礼物，就算得到礼物也会拿去卖钱。这令他们（尤其是祖母）很不开心。茱莉亚现在不会如此强硬。一开始，经济上较为保守的父

---

① 参见 http://www.givinggladly.com/2013/06/cheerfully.html。

② 上述引文都来自茱莉亚访问普林斯顿大学期间（2013 年 11 月 4 日）所做的评论。该课程是"实践伦理学"的一部分并有录音，在线资源可见于 Coursera（2014）。

③ 参见 http://boldergiving.org/stories.php?story=Julia- Wise- and- Jeff- Kaufman_97。

母比较担心她和杰夫捐款的数量，但是当他们发现茱莉亚并没有像他们之前害怕的那样，"住在纸板箱里"，他们对捐款这件事就变得更加开明。

茱莉亚说，对于她和杰夫而言，与家人和朋友之间的紧密联系是幸福的根本来源之一（这并不奇怪，因为大多数关于幸福的研究都得出了相同的结论）。茱莉亚和杰夫还有其他乐趣，花费很少或者不需花费——"烹饪、散步、玩棋牌游戏，与家人和朋友一起演奏音乐"。茱莉亚和杰夫开始组织一个实效利他主义的讨论组，而波士顿地区实效利他主义者社团的发展则给他们带来全新的快乐：与理念相同的人相聚并进行深入的、激励人心的对话——很多人只有在念大学时才有机会进行这样的对话。①

茱莉亚和杰夫决定要个孩子，这表明他们不会让"最大限度地捐助"这一目标妨碍他们去做那些对自己来说非常重要的事。伯纳黛德·杨（托比·欧德的伴侣）也用类似的方式来描述自己生育孩子的决定："我非常愿意捐出我终生收入的 50%，但如果我仅仅为了将这个比例提高到 55% 而放弃要孩子，那这 5% 对我来说就远远高于其余的部分……我决定满足一个极为重要的心理需求，并做出一个我能长期实施的生活计划。"茱莉亚和伯纳黛德会因为不能有孩子而感到极大的痛苦，无论她们是因为何种原因而痛苦，这种感受都是十分正常的。生养孩子无疑需要时间和

---

① 参见 http://www.givinggladly.com/2013/11/but-what-will-my-friends-think.html。

金钱，但是伯纳黛德指出，与此相比，实效利他主义者完全有理由希望，养育一个孩子会对世界有益。无论是认知能力还是同情心之类的品格都具有某种可以有效继承的特质，而我们也可以期待，父母在日常生活中所奉行的价值观会对孩子产生影响。尽管我们无法确定，实效利他主义者的孩子在一生中所做的好事是否会超过恶行，但我们可以合理地期待这种可能性，相信他们很可能做到这一点，而这就有助于抵销养育孩子所产生的额外开销。[①]我们可以换个方式来说：如果所有在乎最大限度行善的人都不要孩子，而那些不关心他人的人却继续生育孩子，那我们真的还能期望几代人之后，这个世界会变得——与那些关心他人的人都养育孩子的世界相比——更美好吗？

随着茱莉亚的预产期越来越近，她开始猜测做一个母亲会有什么改变。一些朋友认为，一旦她有了自己的孩子，她就不会保持这一捐款比例。茱莉亚的回答是，她的女儿不会缺乏任何真正需要的东西，但她不认为自己的责任仅限于为了自己的孩子而付出全部。她说，有了自己的孩子，会让她与"另一个女人"——那个为了给孩子提供干净的水和足够的食物而不得不努力挣扎的母亲——更为亲近。她知道，那个女人和她一样，深爱着自己的孩子。[②]

---

① 参见 Bernadette Young, "Parenthood and Effective Altruism," April 13, 2004, http://www.effective- altruism.com/parenthood- and- effective- altruism。

② 参见 http://www.givinggladly.com/2014/03/the-other- mother.html。

再认识几位实效利他主义者

在本章后面的部分和下一章中，我要再介绍几位实效利他主义者。我的目的是想表明，虽然我们在前言中提到，存在着某种对利他主义的怀疑论看法，但是有很多不同类型的人都成为了实效利他主义者。此外，这些简短的人物素描会为我后面的研究提供基础——在第六章、第七章和第八章中，我将探讨实效利他主义者的行为动机是什么，以及他们如何看待实效利他主义为其生活带来的改变。

瑞玛·赫科玛（Rhema Hokama）向我们表明了如何只靠微薄的收入而投身实效利他主义事业。她在本科高年级阶段听说了实效利他主义，并决定在领到第一笔报酬时就开始捐款。她目前在哈佛大学攻读英语文学博士学位，通过教学、研究津贴、自由撰稿和编辑工作，她一年能够赚得大概 2.7 万美元。

瑞玛一开始捐出其收入的 2%，并逐渐提高这一比例。在写作本书的时候，已经增加到 5%。她开设了一个单独的捐款账户，每个月领到薪水之后，她都会转 5% 到那个账户。到了年底，她会捐出那个账户里的所有钱。

哈佛大学位于马萨诸塞州的剑桥，当地房租很高，所以为了能用收入养活自己并捐一些给别人，瑞玛在城外租了一间公寓，不过离她工作的地方不远，因此她不需要买车。她会选择走路、骑自行车或搭乘公共交通工具出行。与她的许多同事不同，她会自带午饭而不去餐馆用餐。

瑞玛觉得，即使在捐出一部分金钱之后，她的收入也绝对够自己生活了。她提醒自己，自己的年收入是世界平均年收入 1680 美元的 16 倍，这令她成为世界上收入水平前 4.4% 的人之一。[①] 换句话说，在全世界大概 72 亿人口中，有 69 亿人口的收入水平在瑞玛之下。无论如何，瑞玛现在的收入相当于她成年之前、在夏威夷生活时全家的总收入——她成长于夏威夷一个工人家庭，父母和祖父母都是菠萝和甘蔗种植园的工人。她的亲戚现在从事的职业大多是酒店勤杂工、办公室助理、送报人、建筑工、仓库卡车司机、军人、电话接线员、杂货店收纳员、护士和麦当劳的服务人员。成年之前，她不认识任何年收入在 5 万美元以上的人。而在哈佛，她认识的人里很少有家庭年收入低于 10 万美元的，她的朋友和同事根本无法想象如果收入低于这一标准应该如何生活。一个同瑞玛收入差不多的朋友抱怨说，自己生活在贫困线以下。而事实上，这位朋友的收入是美国个人收入贫困线（11490 美元）的 3 倍。

瑞玛向乐施会（Oxfam）和国际计划生育联合会（the International Planned Parenthood Federation）捐款。去年，她捐给了瘘管基金会（the Fistula Foundation）450 美元，这个基金提供产瘘治疗手术——这种病症导致年轻女性在生产时出现问题、大小便会通过子宫外

---

① 瑞玛从"捐出我们所能"的网站获得的这一数据（http://www.givingwhatwecan.org/why-give/how- rich- am- i）。

泄，而这常令她们在余生中被社会抛弃。瑞玛说："我起码可以通过捐出收入的一部分来帮助其他女性得到机会以获得必要的手术治疗，而这种病症在发达国家几乎是不存在的。"她承认，她觉得自己的好运"根本上不是由于我的行动得来的"。捐出一些金钱有助于减轻这种想法使她产生的负罪感，因为这令瑞玛感到："虽然作用微小，但我是在努力建设一个世界，一个我希望在其中生活的世界。"①

　　塞尔索·维埃拉（Celso Vieira）在巴西的一座小城长大。当他还是个孩子的时候，父母就被告知，他患有某种认知障碍，可能是自闭症。他的症状很明显：说话缓慢，用语奇怪，无法看着别人的眼睛。人们建议维埃拉的父母送他去特殊学校就读。他的父母没有这么做，而是通过贿赂当地一位普通学校的校长接收维埃拉入学。出乎每个人的意料，他的成绩在班上一直名列前茅。现在，他能说九种语言，正在写关于柏拉图的哲学博士论文。2008 年，在读过我的《实践伦理学》之后，他成为素食主义者并开始捐出其微薄收入的 10%，开始是捐给联合国儿童基金会（UNICEF）和乐施会；不久以后，他做了更多关于实效的研究，于是将善款捐给了其他慈善机构，其中包括"扶贫行动创新实验室"（Innovations for Poverty Action）。他计划将捐款比例提高到 20%。维埃拉过着非常简朴的

① 瑞玛·赫科玛写过博客来记述她所做的捐助，参见 http://www.thelifeyoucansave.org/Blog.aspx。本书所引用的其他论述及细节则来自她与作者之间的电子邮件（2014 年 3 月至 7 月）。

生活，不仅是为了能捐出更多的善款，也是为了减少他个人对环境造成的影响。他在一栋合租房里租了一个房间，没有电视也没有冰箱。他的食物就是谷物和新鲜蔬菜。2014年，当他搬到另一个住处时，他的个人财产只有一个床垫、一把吉他、一个滑板、一台电脑、一把椅子、一张小桌子和一个装着全部衣物（除了身上穿的衣服外）的背包。

除了写论文，学语言，练习吉他，写作儿童书籍、小说和短篇故事，翻译柏拉图的《克拉底鲁》（*Cratylus*，他的译文保留了大多数译者认为无法译出的双关语），维埃拉还是一名实效利他主义者。在他居住的贝洛奥里藏特，他建立了巴西第一支"你能拯救的生命"队伍。这个团队鼓励人们做出承诺、捐款给实际有效的慈善机构，他们还举办筹款活动，并想出各种策略来帮助人们更轻松地实践承诺。

塞尔索是一个例子，表明了实效利他主义已经发展到了其发源地英国和美国之外。他那与众不同的性格也有助于我们深入了解实效利他主义者的动机，我会在第七章和第八章中详细阐述这一点。就像塞尔索自己说的，他"是被论证推动，而不是同情心"。他通过理性推论出自己应该做什么，由此才成为实效利他主义者。

普利娅·巴兹尔（Priya Basil）成为实效利他主义者更多是出于偶然。她了解贫穷的国家，也了解富裕的国家，因为她在肯尼亚长大，虽然她将此说成是某种"特权幻觉"。她的祖父母则没有那么轻松。他们来自英国统治下的印度，到肯尼亚来修筑铁路。她的父母在肯尼亚出生，但在肯尼亚独立后搬到了英国。他们在英国受教育，在普利娅还是婴儿的时候回到了肯尼亚。虽然普利娅身边到处可见极端的贫困，但她并未对自己所看到的不平等加以反思。直到她 20 岁左右时，家里的经济忽然崩溃，这使她开始直面财富的不公平分配问题。她的家庭迁回了英国。在那里，她进入大学并学习文学，之后在广告业谋得一份工作。虽然她现在对他人的苦难有了更清楚的认识，但她仍然不认为减轻这种苦难是自己义不容辞的事。事情之所以发生改变是因为她爱上了一个人，而这个人相信，我们所有人都有责任令世界变得更好。她搬到德国，与他一起生活并开始写作第一本小说《艾西克和木西克》（*Ishq and Mushq*）。如今她不得不过着节俭的生活，而这令她懂得了，更简单的生活如何可能令人感到幸福——甚至更为幸福。

她的写作从她的移民背景中汲取素材，这令她认识到，自己在肯尼亚度过的青少年时期曾经忽视了什么。在这种心灵状态下，她读了《你能拯救的生命》并在该网站立下了承诺。她的第二本小说《心灵的模糊逻辑》（*The Obscure Logic of the Heart*）提到了一些促使她开始捐款的想法，而她目前正在写作的第三本小说则会阐述那些与实效利他主义有关的看法。

或许因为普利娅是以这样一种方式接触到实效利他主义的，因此她非常强烈地意识到下面这个事实：我们周围的环境和人群对于我们的价值和行为有决定性的影响。就像她说的，她承认："我默认'本人是第一位的'，而我一直都在努力不要让这种本能冲动主宰自己的每个决定。"考虑到这一点，并且由于她常常经不住购物的诱惑，她觉得自己在德国比在英国更容易成为一个更好的人，因为消费购物在德国不像在英国那样无所顾忌（那是因为她还没在美国待过！）。同时她也相信："利他主义需要加以观察、挑战、培养，否则就有可能变得陈腐和机械化。"她已经捐出收入的5%给切实有效的慈善机构，并且由于她与肯尼亚的联系，其中大部分都捐给了在肯尼亚工作的组织。对于普利娅的收入水平来说，这一捐助比例达到了"你能拯救的生命"誓言的标准，但她督促自己将比例提高到10%。除了捐款外，普利娅和伴侣还建立了名为"为和平而写作"（Authors for Peace）的作家组织，她还参与了其他政治活动。虽然她明白这些活动的效力难以衡量，但她相信，任何一个促进社会进步的举动，都能增加整个社会进步的可能性。

实效利他主义适合于来自不同背景的人们，也适合于那些尽管生活在富足的社会中，但是收入并不高于（有时甚至低于）所在国家的平均收入水平的人。他们可以通过（比如说）捐出10%的收入给切实有效的慈善机构来拯救生命、帮助他人恢复视力，或者在其他方面大幅改善那些仅仅依靠一份薪水维生的人们的生活，因为这份薪水就其购买力而言仅仅相当于美国中等收入水平的1%或2%。

4

为了捐款而赚钱

虽然凭借一份平均水平的收入也可以捐出足以做很多善事的善款，但我们也必须承认，赚得越多，你能捐出的钱也就越多。这个想法促使马特·韦之选择了现在的职业，而且在实效利他主义产生之前一定也影响过很多人。18世纪，创建了卫理公会（Methodism）的约翰·卫斯理（John Wesley）告诉其会众要"尽你所能赚钱，尽你所能给予，尽你所能拯救"[①]。另一位是吉姆·戈林鲍姆（Jim Greenbaum），他在观看我2013年在TED的演讲时，知道了"实效利他主义"这个词。他当时意识到，原来他大半生所奉行的事业是有名字的。一直以来，吉姆都在深思熟虑地为了捐款而赚钱，他是我认识的人中坚持时间最长的，因此他的生活证明了这项善举可以成功地实施数十年。

吉姆出生于1958年，成长于路易斯安那州的一个犹太家庭，

[①] 我对卫斯理的引用来自 Jeff Kaufman，他在三个帖子中讨论了"为了捐款而赚钱"这个理念的历史，参见：http://www.jefftk.com/p/historyof- earning- to- give; http://www.jefftk.com/p/history- of- earning- to- give- ii；以及 http://www.jefftk.com/p/history-of- earning- to- give- iii- john-wesley。

那里是美国中西部正统派教徒的中心。他回忆道，自己还是个孩子的时候，"如果有事情看起来没有道理、不合逻辑或是不公平，我都会奋起抗争"。他看过纳粹集中营的影片，听过拉比布道，祈求"不要再次发生！"他们会谴责联军没有试图制止大屠杀，而报纸上总是报道各种暴行依然在世界各地不断发生。这种伪善令他坐立不安，而在他建立基金会网站的措辞中，这种影响依然可见："对苦难袖手旁观？——没有这个选项。"

　　大学毕业后，吉姆想过要去法学院就读，他的目标是当民权法律师。但他没有被顶尖法学院录取，也不愿意再花三年时间去读不够顶尖的学校，于是他决定经商，尽快赚钱，然后用这笔钱去改变世界。经过一些失败的尝试，吉姆创立了"远程联结"（Access Long Distance），后来成为一家全国性的通信公司。1990 年，吉姆32 岁，他偶然看到一档电视节目，其中讲述了一个美国人到罗马尼亚帮助恶劣环境中的孤儿的故事。吉姆给自己定下了一个期限：再经商 8 年，直到自己 40 岁，之后他会退出商界并开始用自己的财产去帮助别人。他未能遵守最后期限，但也没超过太多：1999 年卖掉公司时，他刚满 41 岁，而他的净资产即将达到 1330 万美元。他在有生之年已经为那些旨在减少人类和动物苦难的项目捐出了 85%的财产，剩下的财产将在他去世之后捐出以作同样的用途。迄今为止，他为戈林鲍姆基金会（Greenbaum Foundation）所做的贡献已经超出 400 万美元——这家基金会是他与妻子露西·贝利比-戈林鲍姆（Lucie Berreby-Greenbaum）共同掌管的。该基金会一直以来都为某些项目提供支持，这些项目的目标在于：减轻动物所遭受的痛苦，促进发展中国家的健康水平，在非洲培养人权意识以及救助那些遭到非法拐卖、被迫成为性工作者和劳工的受害者。

同我们提到的其他实效利他主义者相比，吉姆生活富足，住所豪华。他曾拥有几部跑车，并与他人共用一架私人飞机。但是他很快就认识到这些东西都是多余的。现在他虽然开着丰田车，但是依然努力在自己的生活方式和用金钱帮助别人之间寻找平衡。早在2003 年，那时实效利他主义还没有像今天这样得到广泛的讨论，而吉姆支持的重点就已经是国外的慈善项目了。当他被要求为本地的慈善项目捐款时，他会说："我可以给你这么多钱，我也可以救助这么多生命。你说我该怎么做？"[①] 不过，当他敦促富有的人捐款时，他还是很清楚人们需要以自己所在的地方作为起点，因此他会接受某种"非实效的激情"——只要至少有一半善款是出自实效考虑就可以。

一边是努力多赚多捐，另一边是成为一名实效慈善组织的救助专员，这二者之间该如何权衡？威尔·麦克阿司克尔提出了下面这个论证：假设你本来可以为一家切实有效的慈善机构工作，但你却接受了一份投资银行的工作，年薪20 万美元。通常慈善机构并不

---

① 参见美联社："Former Telecom Millionaire Giving Fortune to Children's Causes,"
http://www.ksl.com/?nid=148&sid=88335。

缺少申请人，因此他们会录用别人——而录用者很可能做得几乎和你一样出色。之所以说"几乎"，是因为如果你被聘用了，我们就可以假定，慈善机构认为你是最适合这个位置的候选人，但你和另一位最佳候选人之间的差别不可能非常大。因此，作为一名慈善机构的员工，你在很大程度上是可以被取代的。然而，在金融行业工作，你可以赚得的薪水远远多于生活所需，你还可以将其中的一半捐给慈善机构，后者则可以用你捐的钱再多雇两名员工——而如果没有你的捐助，这就不可能实现。这两名员工为慈善机构所做的贡献，将会远远超过你和另一位候选人所做的贡献之间的差别。虽然作为慈善机构的员工，你是可以替代的，但作为捐款人，你无可替代。如果你不接受投资银行的工作，其他人也会接受，而且几乎不可能捐出一半收入给慈善机构（在金融行业，几乎没人这么做）。所以，如果你接受金融业的工作，那么与你受雇于慈善机构相比，该慈善机构则更有可能实现其目标。[①]

威尔同时指出，有时我们会发现慈善机构并没有我们想象的那么切实有效。这样的话，捐款人可以很容易地选择其他更好的慈善机构。但是，如果你已经在为一家慈善机构工作并发现该机构并不是很有实效，那么再找一家最具实效的慈善机构、找一份新工作就不太容易了。如果你能改变这家机构，使其变得更有实效，你可能

---

① 参见 http://8000hours.org/earning-to- give; 关于"可替代性"的观点，似乎首先来自于 Brian Tomasik, in "Why Activists Should Consider Making Lots of Money"（2006），http://www.utilitarian-essays.com/make- money.html。

会改善更多；但是很多组织——无论是不是慈善组织——都不愿做出改变。

尽管有吉姆·戈林鲍姆这样的例外，但大多数捐款还是来自于在"千禧年"前后开始思考其职业选择的一代人。他们已经准备投身新的方向。在 20 世纪 90 年代，如果你说你进入金融业是为了赚更多的钱来捐掉，人们会用奇怪的眼光打量你，你会感到自己孤立无援。但是对"千禧"一代来说，通过社交媒体找到观点相同的人是非常自然的事。所以你可以很容易地找到网站，与艾维克·巴塔查里亚（Aveek Bhattacharya）这样的人在网站上交流经验——他为了赚更多的钱来捐款，于是放弃了学术事业而进入一家总部位于伦敦的公司做战略顾问。你也可能遇到阿莱克斯·福斯特（Alex Foster），他的基督教信仰使得他渴望能做些与消除贫困有关的事情。阿莱克斯正在创立自己的公司，并承诺除了每年留下 1.5 万英镑作为生活费，要捐出其余全部收入。[①] 如果你赚钱是为了减少动物的痛苦，你可以同西蒙·克努森（Simon Knutson）讨论这方面的最佳选择，他为瑞典哥腾堡的一家投资公司工作，并捐出 40% 的税后收入来支持"动物慈善机构评估者"（Animal Charity Evaluators），该组织旨在找到最切实有效的动物救助机构。本·韦斯特（Ben West）是一名软件工程师，在威斯康星州的麦迪逊市工作，为了能捐出更多的善款，他创立了自己的公司。他向"动物慈善机构评估者"

---

① 相关信息来自他与本书作者的电子邮件（2013 年 1 月至 2 月，以及 2014 年 3 月至 7 月）。

和牛津大学人类未来研究所的"全球优先"项目（Global Priorities Project）捐款，该项目研究如何基于全球范围内的不同需求来分配稀缺资源。

在大众眼中，利他主义可不是职业扑克选手的典型特征。这种观念可以改一改了。菲利普·格鲁依森姆（Philipp Gruissem）通过打牌赚到了足够的钱，可以过上名流杂志怂恿我们去幻想的那种生活。五年来，他可以去他想去的任何地方，在各个领域自由地体验人生。尽管如此，后来他还是意识到眼下的这种生活不能满足自己。为了过得快乐，他需要在生活中找到一个更高的目标。几位瑞士朋友向他介绍了实效利他主义，他由此找到了打牌的新动力，这使得他大获全胜，战绩中包括了 2013 年在两个巡回赛中获得的 240 万美元奖金。现在，格鲁依森姆加入了一个名为"为实效捐助筹款"（Raising for Effective Giving）的新组织，以此向其他职业扑克选手推广实效慈善活动。[1]

上面介绍的这些人所捐出的善款远远超过了通常的慈善捐助标准，但在我遇到的所有实效利他主义者中，伊恩·罗斯（Ian Ross）是最突出的例子，他表明了如何将终生都投入到最大限度地捐助善款的实际行动之中。伊恩于 2006 年开始全职工作，从那时起到本

---

[1] 参见 http://reg- charity.org/。菲利普·格鲁依森姆在一封写给本书作者的电子邮件（2014年 7 月 24 日）中提供了相关信息。亦参见 Lee Davy, "A Life Outside Poker: Philipp Gruissem—An Effective Altruist," February 19,2014, http://calvinayre.com/2014/02/19/poker/philipp-gruissem- life- outside- of- poker- ld- audio- interview/。

书写作时，他已经捐了，或预定在未来捐出大约 100 万美元。2014 年，他的收入超过 40 万美元，并将超过 95% 的税后收入都捐给了慈善机构。伊恩这种生活方式的伦理动机始于大学阶段，他从那时起成为一名素食主义者。接下来的 10 年里，一位朋友（也是一位素食主义者）通过有力的论证说服了伊恩。伊恩接受了以下论证：

1. 现代畜牧业令动物遭受了巨大的痛苦。

2. 我们不但要对自己所做的事情负责，也要对自己选择不做的事情负责。

3. 我们有能力减少现代畜牧业为动物所带来的痛苦。因此：

4. 我们每个人都必须这么做。

伊恩开始在自己的生活中实践这套逻辑。他在麦肯锡做了四年管理咨询师，然后跳槽去了迪士尼公司，目前则在另一家视频游戏创业公司做到了一个更高的职位。在日常的工作之外，伊恩帮助建立了汉普顿·克里奇食品公司（Hampton Creek Foods），这家公司生产以植物为原料的鸡蛋替代品，这一举措减少了被关在笼中饲养（以便提供鸡蛋）的母鸡数量。他将大部分善款捐给了类似于"人道主义联盟"（Humane League）和"怜惜动物"（Mercy for Animals）这样的组织，因为他们组织的培训及拓展活动表明，在敦促人们停止食用动物产品这方面，这些活动起到了实际的效果。伊恩也向如"国际人口服务组织"（Population Services International）之类的全球公共健康组织捐款，因为他认为，让每个家庭在生育之前能够有所规划其实是一种双赢，既可以防止那些意外的生育，又能使人们对于生活拥有更多的主导权。同时，由于大多数人都是食肉的，因此人口出生率降低就意味着对动物产品的需求降低，这也会减少动物的痛苦。

伊恩之所以能够专注于减少动物的痛苦，是因为他没有爱人或孩子，也没有结婚生子的计划。他并不认为这是某种牺牲，因为在他致力于追随自己的伦理观念所得出的逻辑结论之前，他就对找寻另一半毫无兴趣。他和朋友一起踢球，喜欢听音乐，大多数周末骑单车出行，所有这些活动的年预算大约为 9000 美元。在此之外，他会为一个非常亲密的朋友的宠物花费 8000 美元请兽医。他承认无法从逻辑上来论证这一行为，所以他认为这算是一项"奢侈开支"。

为了捐款而赚钱：心理学讨论

2013 年，《华盛顿邮报》上的一篇文章报道了一位名叫杰森·特里格（Jason Trigg）的麻省理工大学计算机科学专业的毕业生。他从事金融工作，并将自己的一半收入捐给对抗疟疾基金会（Against Malaria Foundation）。特里格被描述成"在美国和英国出现的、由年轻的专业人士组成的新阶层"的一员，对于这一阶层来说，"一笔又一笔地赚钱是拯救世界最可靠的途径"。①《纽约时报》的专栏作家大卫·布鲁克斯（David Brooks）写道，特里格看起来是"一位热忱的、道德上非常严肃的年轻人"，他可能拯救许多生命。但是，布鲁克斯提醒大家要小心。他警告说，首先，我们每天的日常活动会改变我们。而在一家对冲基金工作，你的理想可能会偷偷溜走，这样你对捐款也就会变得不那么热衷。其次，他觉得为了"抽象而遥远的善"去选择一份不会令你燃起激情的工作，这或许能让你热爱普遍意义上的人性，但不会去关爱身边那些具体的人。最后，也是最重要的，布鲁克斯担心"这样做会令你将自己变成手段而非目的……变成一台重新分配财富的机器"。为了赚钱而工作可能是"有害的"，布鲁克斯写道，即使你是为了慈善而赚钱。②

前两个反对理由提出了事实性的心理学主张，这可以通过询问那些为了捐款而赚钱的人来加以检验。第三个理由是道德上的，而不是心理上的，因此我会在下一节处理伦理层面的异议时，再来讨论这个反驳。

2013 年，马特·韦之在普林斯顿的课堂上演讲。四年前，他曾是坐在下面的学生。他告诉学生们，当他投身金融行业时，一些人

① 参见 Dylan Matthews, "Join Wall St., Save the World," *Washington Post*, May 31, 2013, http://www.washingtonpost.com/blogs/wonkblog/wp/2013/05/31/join- wallstreet- save- the-world/。

② 参见 David Brooks, "The Way to Produce a Person," *New York Times*, June 3, 2013, http://www.nytimes.com/2013/06/04/opinion/brooks- the- way- to- produce- aperson.html?_r=2&。

对他不寻常的选择表示关切。其中一个忧虑在于，理想主义的年轻人身处冷酷无情的银行家之中，有可能会因无法承受这种压力而退出。这种情况并没有发生。马特并不认为他的同事残酷无情，而且他还发现这份工作本身很有趣。另一个主要的忧虑是布鲁克斯也曾提到的，马特对这种担心做了如下描述："身边都是那些开法拉利跑车的有钱人，可能我过不了多久就会说，别管什么慈善机构了，我真正想要的是一辆法拉利。"法拉利如今依然不在马特的购物清单上。他用以防范这种变化的策略是，公开宣布他要捐出一半收入的誓言。他已经告诉所有的朋友，如果他没能恪守诺言，他们就该奚落他（他还同意本书提到他的誓言，这样就能令誓言传播得更广）。总的来说，没有任何迹象显示，为了捐款而赚钱这一行动令马特承受了任何不寻常的心理负担。"我过得非常非常开心，"他告诉我，"即使我认为这种利他主义的行为令我的生活变得更糟，我也依然会这么做。但是，或许是因为人类的思维运行具有某些不一般的巧合，总之，我认为这样做真的令我更开心。"

吉姆·戈林鲍姆觉得刚开始那几年有些沮丧，但这只是因为，他用了比原先预想更多的时间才赚到所预期的援助资金的数额。这并没有使他减少对于最终目标的投入。他喜欢做生意，在某些方面，做生意对他来说就像个游戏。他同样看重那些与他一起工作的人。他提倡在舒适的生活与行善之间找到平衡。吉姆已经捐出了许多善款，他决定为了捐款而赚钱，这显然收到了非常显著的效果。

本·韦斯特指出，即使从自私的角度看，为了捐款而赚钱令你得以拥有那些人们相信能让生活更快乐的东西（比如金钱和很高的工作职位），同时你也能够获得满足感，因为你知道自己在帮助这个世界变得更好。伊恩·罗斯并不觉得这种生活会给自己带来毁灭性的危险，而且他相信自己会继续沿着这条道路走下去。阿利克斯·福斯特可能是我认识的、为了捐款而赚钱的人中最为热忱的：他说觉得自己的事业"难以置信地令人满足——令我比人生中的其他任何时期都更为满足，即使这大幅减少了我的社交生活"。艾维克·巴塔查里亚有时会感到沮丧，因为他的工作令他无法如其所愿地深入探究某些问题。他始终把"为了捐款而赚钱"当作一项实验。对他来说，读一个博士学位并发展自己的学术事业依然是一种可能的选择。[①]

如果布鲁克斯只是提醒读者为了捐款而赚钱不适合于每个人，那他的说法还是很有道理的。有的人无法因为可以从工作中获利就对工作充满激情。然而，另外一些人则喜欢赚钱，同时又喜欢出于其他动机而捐出大部分收入给慈善机构。因此，他们能够很好地避免《纽约客》的漫画所反映的问题：在漫画中，一个商人对着电话抱怨，"我比以往任何时候都更努力地工作，但我得到的不过是越来越大的支票。"[②]

布鲁克斯推测出将自己变成重新分配财富的手段可能产生的损

---

① 以上几段话都来自本书作者与他们之间的电子邮件，时间大约在 2013 年 1 月到 2014 年 7 月之间。

② 漫画作者是 P.C. Vey，参见 New Yorker, March 31, 2014, 27.

害，却忽略了一个事实：很不幸，很多人的命运就是为了供养自己和家庭、终生做着对他们来说毫无内在价值或是毫无乐趣的工作。那么，如果你是为了帮助别人而不是为了帮助自己和家人而工作，为什么这份工作就会变得更"有害"呢？

为了捐款而赚钱：伦理学讨论

当布鲁克斯基于"把人变成手段而非目的"的理由来反对为了捐款而赚钱时，他是在重提 40 年前、英国哲学家伯纳德·威廉斯（Bernard Williams）针对功利主义而提出的反驳。在其针对功利主义的批判中，威廉斯让我们设想下面这个例子：乔治有一个化学专业的学位，但是他失业了，有人给他提供了一个职位，在一家研发新型化学武器的实验室工作（威廉斯的文章写于化学武器被国际条约禁止之前）。乔治反对研发化学武器，但如果他不接受这个工作，还会有其他热衷于该研究的人接受这个职位，而乔治拒绝该职位可能会导致产生出更多的，而非更少的新型化学武器。[①] 如果乔治的行动目的在于产生最大的善，那么他必须接受这份工作，不公开自己对化学武器的态度，同时尽可能地消极怠工。但是，为了保有这个职位，他还是不得不为了促进新型化学武器的研发而工作。他可

---

① 参见 Bernard Williams, "A Critique of Utilitarianism," in J. J. C. Smart and Bernard Williams, eds., *Utilitarianism For and Against*（Cambridge: Cambridge University Press, 1973），97—98。

能会觉得很糟糕，但是一个功利主义者可以向他保证，真正重要的事情是不断减少致命武器的生产数量。

威廉斯提出的反驳理由在于，乔治是被迫"放弃自己的计划和决定，转而接受功利主义计算所要求的决定"。他论证说，做出这种行为会导致乔治与自己的行动及确信之间发生疏离，而他本来认同于这两者，而这"完全是对其个人完整性的伤害"。[①] 真的是这样吗？如果是这样的话，那些为了捐款而赚钱的人，当他们选择从事某个自己并不认为具有内在价值的行业时，情况是否也与此类似？在道德层面上，投资银行与研发化学武器完全不同。为了捐款而赚钱的人也不会像乔治那样，在工作中有意违背雇主的目标。相反，他们愿意竭尽全力完成工作，尽可能赚到最多的工资和奖金，以便尽其所能捐出最多的善款。但是，如果他们想要在该公司获得成功，要融入该机构的文化，那么，为了捐款而工作的人们可能就得隐藏自己关于其工作自身价值的观点。不过，确实也有一些为了实践"为捐款而赚钱"而更换工作的人，后来偏离了自己原先的计划（就像马特偏离了他"念研究生然后做一名教授"的计划一样），并选择了"功利主义计算"所要求的职业。但这是否意味着，就像威廉斯所说的那样，这些人都与自己的信念相疏离并丧失了人格完整性？这是否真的像布鲁克斯说的那样，令你自己仅仅成为实现目的之手段并对你的品格造成了伤害？

[①] 同上，第116—117页。

与绝大多数人相比，那些为了捐款而赚钱的人的生活与他们的价值观其实更加一致，也就是说，他们忠于自己的核心信念，认为应当为了创造最多的善而生活。我们很难在其中看到有什么疏离或是人格完整性的丧失。恰恰相反，对于那些持有该信念的人，如果他们追随自己一时的激情，比如说，去念研究生院、去写关于《贝奥武甫》的论文并成为中世纪文学的教授，这才会导致完整性的丧失。①

也可能是下面这种情况：为了捐款而赚钱的人具有个人完整性，但是他们可能会参与一些导致糟糕后果的活动？一位批评者对此做出了以下描述："目前这种资本主义全球化会导致不平等情况的加剧……少数人获得大量财富，而大多数人则陷入更加极端的贫困状态。这是当前市场的症候之一。极富和极贫的差距越来越大……[为了]向全球扶贫慈善机构捐款而在金融行业工作，这就类似于纵火犯向当地消防队捐款。"②资本主义看来确实在加重不平等，但这并不表明它使人们陷入极端贫困，因为当富有的人变得更富有，而穷人维持原状时，不平等同样会加重；甚至当穷人的收入增加，但

---

① 以上事实都肯定了黑尔（R.M.Hare）提出的一个评论，他指出，威廉斯对功利主义的反驳值得注意，因为"这个煽动人心的定义是大胆而冒失的，通过这个概念，他为那种一个人对自己目标的自私追求贴上了'完整性'的标签，并且将功利主义说成可能与该追求相冲突从而是一个错误"。参见 R.M. Hare, "Ethical Theory and Utilitarianism," in R. M. Hare, *Essays in Ethical Theory* (Oxford: Clarendon Press, 1989)，219n。

② 这一观点来自对于"为了捐款而赚钱"的线上讨论中的一条匿名评论，见我的"实践伦理学"在线课程，2014 年 4 月。

还没有像富人的收入那么高时，不平等也还是会加重。就像我们在本书前言中看到的，实效利他主义者的特征在于，他们看重平等并不是因为平等本身，而是因为它所带来的结果。[①] 让富人变得更富，但同时避免使穷人变得更穷，我们还不清楚这会不会在总体上导致糟糕的后果。这会增强富人帮助穷人的能力，而且世界上最富有的一些人，包括比尔·盖茨（Bill Gates）和沃伦·巴菲特（Warren Buffett），如果按其捐款的资金数额衡量的话，都已经成为人类历史上最杰出的实效利他主义者。毫无疑问，资本主义确实使一些人陷入极端贫困（一个如此巨大的体系，如果没有产生这种后果才令人吃惊），但是该体系同时也令成百上千万人脱离了极端贫困状态。我们很难证明，由于资本主义而陷入极端贫困的人数多于因其而脱贫的人数，实际上，许多有力证据使我们有理由相信，情况恰恰相反。[②]

不管怎样，那些认为我们应该完全抛弃整个现代资本主义经济的人显然无法证明，存在着其他的、能够带来更好结果的经济结构。他们也无法证明，在 21 世纪，转向另一种经济体系如何可能实现。无论我们喜欢与否，在可预见的未来，我们看来依然无法摆脱各种形式的资本主义，以及与之伴生的股票、债券和商品市场。这些市场发挥着各种各样的功能，包括提升投资资本、降低风险及平稳物

① 当然也有可能出于平等自身的原因而看重平等，同时依然非常认同实效利他主义。有些哲学家同情某种形式的平等主义，同时也支持实效利他主义，其中包括 Nir Eyal, Thomas Pogge, Larry Temkin 以及 Alex Voorhoeve。

② 参见 Angus Deaton, *The Great Escape: Health, Wealth, and the Origins of Inequality*（Princeton: Princeton University Press, 2013）。

价。看起来它们并非天生就是恶的。

诚然，为了捐款而赚钱可能导致我们卷入某些金融活动，而这些活动可能会伤害某些人，但是这种情况并没有解决下面这个伦理问题：那些有机会赚到很多钱又捐出很多钱的人应该如何行动？道德行为准则通常认为，"不伤害他人"这一原则优先于"尽可能行最大的善"。持有这种观点的人会认为，为一家给无辜民众造成伤害的公司工作是不对的，即使这令一个人所创造的善远远超出该公司所造成的这种伤害。这种态度背后所隐含的道德难题在"二战"时期表现得尤为突出。当时，纳粹将 V-1、V-2 火箭对准了伦敦。在伦敦的间谍发出了关于此次袭击的具体信息，但这些间谍其实是英国的双面间谍，发送这些信息的目的是误导德军，以便减少击中伦敦的火箭数量。根据估算，这样能够每月减少 12000 人次的人员伤亡。1944 年 8 月，当英国战时内阁得知这一迷惑性行为时，内阁大臣赫伯特·莫里森（Herbert Morrison）提出了反对，认为政府决定让生活在伦敦南部，而不是生活在伦敦中心的人被杀死，这在道德上是错误的。"不伤害他人"的原则似乎为这一反对提供了根据。因为如果不采取这一原则，那就会认为，通过让火箭落在郊区而避免大量伤亡所产生的善，大于导致部分生命死亡所产生的恶。莫里森当时说服了内阁同意他的观点（丘吉尔当时在国外），但英国安全局（军情五处）想办法置内阁的决定于不顾，继续采取这种发布假情报的行为，直到战争结束。① 如果你认为莫里森是对的，你可能也会认为，参与那些可能对某些人造成伤害的金融活动是错误的，即使这会给更多的人带来程度相当的益处。一个实效利他主义者可以采取这种观点，同时依然做很多善事并且不打破"不伤害他人"原则的限制。然而，我个人的观点认为，莫里森是错的，拯救多数市民的生命，这是正确的行动。

在这里，另一个相关的问题在于，我们的哪些行动会被认为是错误的，是协同作恶。在一个通过后果判断行为的人看来，"协同作恶"意味着行动者对于恶行发生的可能性具有关键影响。就像我们已经看到的，如果你不接受投资银行的工作，其他人会接受，而从银行的角度来看，那个替代者很可能和你做得一样好。如果该银行的筹资活动用于资助某家污染河水的煤矿，而这条河是许多贫穷村民的生活用水来源，那么，你拒绝接受这份工作并不能阻止水源污染的发生。反之，你将因此而无法向慈善机构捐出大笔善款，无法捐助那些帮助弱势群体抵抗煤业公司侵蚀环境的慈善机构。不仅如此，你本来可能有机会改变银行的行为（或者通过银行而改变那些以此牟利的公司的行为），如果你是内部人士，你的行动产生的影响就要大于局外人通过抗议活动产生的影响。当然，你可能会发现，自己无法对银行的决策产生任何影响，因为公司文化就是追求利润，无论给穷人带来多么大的损害，而一个底层员工无法与之对

---

① 参见 David Irving, *The Mare's Nest*, rev. ed.（London: Panther Books, 1985），259—262。

抗。或许在极端糟糕的情况下，辞职并揭发银行的行为是正确的选择。即使在这种情况下，你选择去该银行工作的决定依然产生了好的结果，因为这使你成为一个了解内情且更可倚重的反对者。

后果主义的"共犯"概念确实具有那些为很多人所反对的含义。比如说，这个概念意味着，如果奥斯维辛集中营的守卫拒绝履行看守的职责只会导致别人来顶替他的位置（或许这个顶替者对那些将要遭受屠杀的受害者更加残忍），那么这个守卫履行看守职责就不算错误行动。由于当时的德军士兵如果不做集中营守卫，通常就会被派往苏联前线，那么这种假设有时可能是成立的。有人或许会辩论说，我们不该接受这种暗示，不应该考虑一个人拒绝当集中营守卫所产生的实际后果，而是应该考虑每一个人遵循某种规则，反对按照一个邪恶机构的规定而行动时所产生的后果。一个康德主义者（正如一个规则功利主义者一样）可能认为，有人会觉得违背某种规则是错误的，如果普遍地接受该规则会产生好的后果的话。[1] 或许我们也可以接受有关错误共犯的另一种观点，即认为：只有当我有意参与某个群体、组织或其他类型的集体所从事的伤害活动时，我才对该活动所造成的伤害负责。[2] 严格意义上的、功利主义的实效利他主义者（strictly utilitarian effective altruists）无法接受上述观

---

[1] 参见 Brad Hooker, *Ideal Code, Real World* (Oxford: Clarendon Press, 2002)；或参见 Hooker, "Rule Consequentialism," in *Stanford Encyclopedia of Philosophy*, Spring 2011 ed., Edward N. Zalta, ed., http://plato.stanford.edu/archives/spr2011/entries/consequentialism- rule。

[2] 例如可参见 Christopher Kutz, *Complicity: Ethics and Law for a Collective Age* (Cambridge: Cambridge University Press, 2000)。

点，因此就不得不接受下面这一点：按照某种对于相关事实的合理理解，至少奥斯维辛的某些守卫并没有做出错误的行动。我们有可能既支持实效利他主义又接受规则功利主义，也可能既接受前者，同时又结合另一个"共犯"的概念，一个完全非后果主义的"共犯"概念。如果一个人采取了这种路径，而且也认为投资银行以及类似公司的行动是错误的，那么他就可以以此作为不在金融行业工作的充分理由。① 当然他还可以认为，投资银行的正常功能是为了获取经济利益。而我们没有必要假定，一个人只要进入银行工作，就会成为错误行动的共犯。

我估计，在 10 年或 20 年之内，当越来越多的人为了捐款而赚钱，布鲁克斯和其他人对于该行为所提出的伦理层面的反驳就会被视为一种典型的牢骚，也就是那种老一代人不明白新一代人究竟在做什么的时候发出的牢骚。布鲁金斯研究所（Brookings Institution）的一项研究指出，"千禧一代"比之前的任何一代都更为关注公司的社会责任；而且，作为雇员，他们想要"自己的日常工作成为其社会关怀的一部分，并且体现这种关怀"。② 有许多方法可以实现工作与社会价值的结合。对于处在恰当环境中的恰当的人而言，为了捐款而赚钱就是方法之一。

---

① 以上讨论受到了 Shelly Kagan 对于 "Castle Lectures" 其中一讲所提出的评议的启发。

② 参见 Morley Winograd and Michael Hais, *How Millennials Could Upend Wall Street and Corporate America*, Brookings Institute, Washington, DC, 2014, http://www.brookings. edu/~/media/research/files/papers/2014/05/millennials%20wall%20st/brookings_ winogradv5.pdf。

5

其他伦理事业

"为了捐款而赚钱"是一种独特的行善方式。对于那些有能力做到"为了行善而赚钱"的人来说（意味着要有能力找到一份足以令人感兴趣并且表现出色的工作，同时又能坚持履行自己的承诺，将大部分收入捐给慈善机构），为了捐款而赚钱可以成为一个合乎伦理的职业选择。不过，威尔·麦克阿司克尔并不认为"为了捐款而赚钱"在任何情况下，甚至在大多数情况下是最佳选项。相反，他认为我们应该将其看成一个基准线，用以比较其他可能的伦理选择。[①]

倡议者

威尔不在金融行业工作。因为他相信，如果他能影响另外两个赚钱能力与其相当的人，那么与投身金融相比，他就可以创造更

---

① 麦克阿司克尔是在回应考夫曼的提问时说出这个主张的，参见 https://www.facebook.com/jefftk/posts/613456690752?comment_id=713258。

大的善——而他影响的人已经远远不止两个。"8万小时"（80000 Hours）是一家"元慈善"机构（metacharity），旨在评价慈善机构并促进它们加以改善。其他元慈善机构还包括"捐出我们所能""善捐"以及"你能拯救的生命"。为一家实效的元慈善机构工作，较之于在一家普通的慈善机构工作，因其能够产生多重影响从而能行更大的善——这一点也可以用来论证我们应该"为了捐款而赚钱"和向元慈善机构捐款。对于普通的慈善机构来说，你或许是可以被取代的，但是如果你拥有别人不具备的特殊技能，那么这些技能的回报很可能会相当高。威尔对伦理学的理解和辩论技能，他投身实效利他主义运动的实际经验，熟知那些可以为实效利他主义提供支持的事实依据，再加上他在运动中建立的人脉……这些都令他几乎不可能被别人取代。

政府机构人员

在20世纪90年代，戈比（这不是他的真名，因为他希望匿名）读了《饥荒、富裕与道德》并写信给我，希望得到关于职业选择的建议。他刚读完研究生，正在一家慈善机构当志愿者，过着非常简朴的生活。但他意识到，如果他在银行而非慈善机构工作，并且捐出大部分收入，这样他的行动或许能够产生更大的善。戈比还提到，他放弃了为世界银行工作的可能性，因为他相信世界银行正在对那些他想帮助的人造成伤害。在信纸的边白处（当时还没有电子邮件）

我匆匆写下了答复，提议说他或许有可能成为"世界银行的戈尔巴乔夫"，促进该机构的改革。我将信寄走后就完全忘了这件事。多年后，我又收到了戈比的消息。他已经加入了世界银行，而他所在的团队当时正在评估银行在促进全球健康方面的投资回报率。更确切地说，他当时管理的部门负责为银行在家庭计划方面的投资提供建议。根据他的部门提出的建议，世界银行将大约 4 亿美元从某些项目（旨在降低计划外出生率，平均每个个案花费 300 美元）改投到另一个项目（同样效果，但每个个案仅花费 50 美元）。正如这个例子所表明的，在促进发展中国家人民的健康水平方面，不同方法的成本收益之间存在极大的差异，因此即使预算是固定的，但是较为合理的选择则可能产生极其不同的效果。在控制计划外人口出生率方面，戈比的部门相当于为银行的家庭计划预算增加了 20 亿美元。

戈比鼓励其他人也采取与他相同的选择，因为在世界银行这样的机构工作，你极有可能获得某个职位并掌管大量的金钱，其数量远远超过一个人通过积累财富所能达到的数额。此外他还提到，在这种机构内部，职位方面的竞争不像私人企业的高层职位竞争那样激烈，因此一个人不需要特别突出的才华或是每周工作 70 小时，才能晋升到具有实际决策权的职位。我不太确定这一点是不是真的，因为戈比实际上非常聪明。但是在政府机构或者大型国际组织中工作，确实不像在金融业工作那样外表光鲜，收入也没有那么丰厚，因此升职或许会容易一些。

研究者

对于那些具备研究能力的人，或许也能发现特别的机会——通过从事研究来做很多善事。不过最有可能的是，这类机会并不在于那些会产生直接效果的领域，例如研制对抗疟疾的疫苗或是培育更优质的粮食作物。在过去，医药研究者的发现已经极大地减少或消灭了小儿麻痹症和天花之类的疾病，而与此同时，诺曼·博洛格（Norman Borlaug）这样的生物学家（他培育出高产的粮食品种并引发了"绿色革命"）所能拯救的生命数量据说超过其他任何人。[①]科学家在这些领域做出的成就令人印象深刻且已经众所周知，这些成就吸引了许多极富天分的研究者投身于该领域的研究工作之中，因此，对于任何个体来说（比如你），只有很小的概率能够再做出那些其他人都无法做出的重大发现。而在一个相对冷门的领域，则更有希望产生重要的影响。这也是为什么"8万小时"会推荐"优先级研究"（Prioritization Research），根据它们的描述，该研究"旨在弄清楚哪些目标、干预方案、组织、政策（等等）在促进世界进步方面最富实效"。[②]对这个问题的回答有一些困难，本书的第十

---

① 例如可参见 The World Food Prize, "About Dr. Norman Borlaug," http://www.worldfoodprize. org/ en/dr_norman_e_borlaug/about_norman_borlaug/。

② 参见 Benjamin Todd, "Which Cause Is Most Effective?," January 21, 2014, http:// 80000hours.org/blog/300- which- cause- is- most- effective–300。

章到第十五章会讨论这些困难，并通过这些讨论而提出一个与此相关的、更好的看法。这些困难同时也表明，对这个问题的研究仍处在起步阶段。这或许是因为我们很难（有人会说根本不可能）在这个问题上取得可观的进展。不过，要说在各种事业之间做出优先性排序真有多困难，恐怕现在还为时尚早。优先级研究只是一个例子，它代表着一个总体上有待开发的研究领域，其中存在着提出重大研究成果的可能性。它只是一个具体的研究方向，有可能引起那些对实效利他主义感兴趣的人的注意。肯定还有很多其他尚未获得重视的研究机会，其中存在着做出重要突破的可能性，而这就已经使得投身于该领域的研究工作本身具有价值，也很容易吸引对实效利他主义感兴趣的人群。肯定还有许多被忽视的研究机会。现在的问题是发现这些领域，而该任务本身就是优先级研究的一种形式，属于研究工作的一个子范畴。

组织者和运动参与者

有特殊才能并且意志坚定的人可以成立一个机构，由此将他们对世界产生的积极影响最大化。这就不同于在既有的机构内获得一份工作，就后者而言，你所能产生的影响只是临界差异，即介乎你所能做到的与你的继任者所能做到的成就之间的差别。而如果在某些情况下，某个特定的人没有创立某个新机构，那么，该机构所带来的益处就不可能得以实现。我之前已经提到"善捐"的创始人艾利·哈森菲尔德和霍尔顿·卡诺夫斯基，他们的工作令我们更容易成为一名实效利他主义者。类似的例子还有托比·欧德和威尔·麦克阿司克尔，他们建立了"捐出我们所能"和"8万小时"。还有一些其他的例子，它们都表明了一个个体所能做出的成就究竟有多大。

雅妮娜·欧辰洁丝卡（Janina Ochojska）在波兰长大。她患有小儿麻痹症，还是个孩子的时候，她就做过多次手术，而等她开始上学念书时，其健康状况非常糟糕，以至于在波兰找不到医生能够再为她进行手术。法国人为她提供了帮助，她在法国待了一年，等到返回波兰时，她仿照法国慈善组织的模式，与别人合作成立了"波兰平衡基金会"（Polish EquiLibre Foundation）。基金会最初主要是帮助波兰的贫困人群，但当1992年波黑战争爆发后，欧辰洁丝卡组织了一支救援队进入被包围的萨拉热窝。当时波兰还是一个相对贫困的国家，经济上正处于复苏期。但是欧辰洁丝卡坚信，虽然波兰人总体上相对穷困，但他们已经准备好去帮助那些更需要帮助的人。她离开"波兰平衡基金会"并建立了"波兰人道主义行动组织"（Polish Humanitarian Action，PHA）。在她的领导下，PHA组织了在科索沃的第一次波兰救援行动，并逐渐将行动范围扩大到车臣、伊拉克、伊朗、黎巴嫩、斯里兰卡、阿富汗、南苏丹、索马里、巴勒斯坦民族权力机构、菲律宾和海地。因此，毫无意外地，有人问她，为什么在波兰人还如此贫困甚至不得不在垃圾堆里寻找食物的时候，她却将救援队派到其他那些陌生的国家。欧辰洁丝卡对这个问题的回答旨在反对某种观点，该观点认为，帮助遥远的陌生人与帮助身边人之间存在着矛盾。但是她相信，让人们意识到处于世界上其他地方的人们有何种需要，这能令我们更多地体会到本地人的需要。[①] 与这个信念相一致，PHA 在波兰的学校开展教育类项目，令学生更多地了解发展中国家人民的需求。同时，该组织还帮助波兰社会中的难民与对全球贫困问题具有影响力的政府说客建立联系。在其成立 20 年之后，PHA 已经是波兰最主要的非政府组织，主要提供发展援助和人道主义救援，其年收益大于 500 万美元。[②]

证严法师（Dharma Master Cheng Yen）是一位佛教徒，住在花莲（台湾东海岸的山区）。由于群山阻隔了交通，这一带的少数民族比例很高。在 20 世纪 60 年代，这里的很多居民（特别是少数民族）生活相当贫困。虽然人们通常认为佛教倡导远离世俗生活而关注内在生命，但证严法师选择了相反的道路。1966 年，证严法师 29 岁，她看到一位患有分娩并发症的少数民族女性被家人从山村抬到花莲市就医，路上走了八个小时。到达医院后，这家人得知，他们必须支付治疗所需的费用。由于无力支付费用，他们没有别的选择，只好再把她抬回家。受这一事件影响，证严法师组织了 30 名家庭主妇，每个人每天捐出几毛钱，为急需的家庭提供慈善基金。这个组织取

---

① 参见 Wojciech Bonowicz and Janina Ochojska, *Niebo to inni*（Krakow: Znak, 2000），183。

② 关于 PHA 的资料，参见：Polish Humanitarian Action, *Annual Report, 2012*; http://www. pah.org.pl/m/3626/PAH%20raport%20roczny%202012en.pdf。

名"慈济"基金会（Tzu Chi），意为"慈悲与救济"。慢慢地，通过口耳相传，越来越多的人加入其中。[1] 证严法师于是开始筹款在花莲市建立一所医院，该医院于1986年建成使用。在那之后，慈济基金会已经建立了六所医院。

为了培训一些当地人在医院工作，慈济基金会成立了医校和护理学校。这些医学院最显著的特征，或许在于它们对于将遗体用于医学目的（解剖教学、模拟手术或医学研究）的态度。在中国文化中，通常很难为了医学目的而获得遗体，因为按照儒家传统，逝者的遗体应该被完整火化。证严法师请求志愿者们在死后将遗体捐献给医学院。与大多数医学院不同，在这儿，捐献遗体的逝者会受到最高的尊重。学生会拜访逝者的家人，从他们那里了解逝者的生平。他们将逝者称为"无言的导师"，将其照片挂在医学院的墙上，并为每位捐赠者设立神龛。在课程结束、遗体完成其使命之后，身体的所有部分都被归还原处，整个遗体也会还原如初。然后医学院会举行一场火葬仪式，学生和家属都会参加这场葬礼。

慈济基金会现在已是一个庞大的组织，仅在台湾一地就有700万成员（相当于台湾人口的30%），在其他51个国家的分部还有300万成员。该组织因此具有极大的能力去帮助许多人。在1999年台湾地震之后，慈济基金会重建了51所学校。从那以后，基金会

---

[1] 参见"慈济基金会"：Tzu Chi, "Biography of Dharma Master Cheng Yen," http://www.tzuchi.org.tw/en/index.php?option=com_content&view=article&id=159&ltemid=198。

在其他国家也陆续进行了很多灾后重建工作，在 16 个国家建立了 182 所学校。慈济基金会提倡可持续地使用一切资源。目前它已经成为一个重要的资源回收站，派遣其志愿者收集塑料瓶和其他可回收利用的物品，将其转化生产为地毯和服装。为了在促进可持续生活的同时唤起对有感受力的生物的善心，慈济基金会的医院、学校、大学以及其他机构提供的所有餐食都是素食。

从实效利他主义者的角度来说，慈济基金会的善举是惊人的。2011 年，地震和海啸袭击日本后，慈济用筹集的善款为幸存者提供热的饭食；2012 年桑迪飓风袭击纽约和新泽西时，慈济为在这场风暴中蒙受损失的每位受害者的 Visa 借记卡充值 600 美元，总计 1000 万美元。[①] 当我造访花莲的慈济医院时，我问慈济的一位新闻发言人何日生（音译），为什么基金会要帮助日本和美国之类富裕国家的市民，因为如果将这笔钱用于帮助处于极端贫困状态的人，本来可以行更大的善。他的回答是，对于慈济而言，重要的是表达对所有人的爱与同情，而无论其富裕还是贫困。从更实际的角度来看，他认为，这也有助于促进慈济在发达国家的工作及其"同情"理念的传播。

慈济不太可能成为"善捐"推荐的慈善组织，因为与提高每一

---

① "慈济基金会为日本地震和海啸幸存者募捐"，USA Tzu Chi, March 18, 2011; "国际性的佛教慈善组织、慈济基金会为在桑迪飓风中蒙受损失的每位灾民的银行账户存入 600 美元"，*New York Daily News*, November 18, 2012；http://www.nydailynews.com/new-york/buddhist- organization- sandy- victims-600- debit- cards- article-I.1204224。

美元的行善效率相比，慈济的宗旨主要在于广泛地传播爱与同情。然而，慈济已经激励了数百万人去对他人表达关怀。这一切都表明了一位女性要以行动帮助他人的决心能够产生多大的力量。毫无疑问，证严法师在其一生中做出了极大的善举。而她本人始终在花莲附近的一家寺院里过着简朴的生活，即使在闷热潮湿的夏季，她也不许自己享受空调的奢侈。虽然慈济基金会在87个国家和地区开展人道主义工作，证严法师却从没有离开过台湾。

2012年，"善捐"将"直接捐赠"（Give Directly）列为三大最值得推荐的慈善机构之一，认为该组织实现了一项卓越的成就，因为就在三年以前，"直接捐赠"还只是四位研究生头脑中的一个想法而已，他们当时都在哈佛大学和麻省理工攻读"国际发展"方向的学位。迈克尔·费伊（Michael Faye）、保罗·尼豪斯（Paul Niehaus）、杰里米·夏皮罗（Jeremy Shapiro）和洛希特·万秋（Rohit Wanchoo）当时的研究焦点在于，对于发展来说，哪些因素是有效的，而哪些因素是无效的。他们同时也在考虑，哪一家慈善组织是他们捐助善款的最佳选择。一方面，他们对于传统慈善机构的某些做法心存疑虑；另一方面，他们研究了发展中国家的几个政府项目的实际效果（这些项目就是很简单地把现金交给穷人），而他们知道，有充分的证据表明，受到捐助的人基本上都很好地使用了钱款，因此项目的效果就包括了增加收入、改善健康并提高孩子们接受教育的机会。他们还发现，由于科技支付手段的发展，直接向极端穷困的人们进行电子汇款第一次成为可能。通过这种支付方式而将一个人的全部捐款直接交到世界上最穷的人们手中，这一想法令他们兴奋不已。他们于是去找一家组织，希望它既能接受捐款又能用新科技将钱直接交给处于极端贫困状态的人们，但是他们所接触的慈善组织对于这种直接捐赠方式都没有任何规划。于是，费伊、尼豪斯、夏皮罗和万秋猜测，慈善组织对于直接捐赠的这种抵触心理或许来自一种担忧，即担心直接捐赠会对现状造成重要不利影响。这就产生了一种可能性，即需要建立一个新组织，一个摒弃那种头重脚轻的官僚体制结构的新组织。

这个团队考虑到，现金转账不仅可能成为有效的捐款途径，而且可能成为其他捐助方式的一个有效基准。如果捐款人可以直接将钱交给穷人，那么传统的慈善组织就有更大压力去证明他们为穷人创造了更多的价值，因此那些额外的花销才是合理的——比如说，花费上千美元运送一头牛。因此，直接捐款的影响就可以超越金钱自身的直接效果。不仅如此，这种直接捐赠的方式还会打消人们拒绝捐赠的一个最常见的合理顾虑，即他们担心善款根本不会到达真正需要它们的人手中。这些看法所具有的分量已经足以推动这个团队去做一件他们未曾想过的事情，即创建一个全新的慈善机构。

2009 年，"直接捐赠"成立，那时还只是面向私人募捐的小型机构，2011 年则开始面向公众募捐。费伊、尼豪斯、夏皮罗和万秋一直都在尝试按照他们读研究生时的设想，以非营利的方式运作这个组织。"直接捐赠"在善款的使用方面一贯清楚明确，并对善款转账后产生的实际影响做了详细而透明的调查。创立者与独立调查人一道做了随机对照试验，并对该研究提前做了预告，以便实施自我约束并对任何失败举措开诚布公。他们对未来的愿景是将现金转账方式定为参考基准，以供捐助人用来评估其他那些更加传统的捐助方式是否值得投入。[①]

1974年，我第一次见到亨利·斯比拉（Henry Spira），当时他参加了我在纽约大学教授的有关动物解放的成人教育课程。他将大部分时间都用来为弱势及受压迫的群体服务，参加过美国南部的人权运动游行，在纽约公立学校给黑人和西班牙裔孩子上课。他还做过商船水手，同时还支持一个工会进行改革以反对其涉嫌腐败的领导人。后来他的一位朋友出国，将自己养的小猫托付给他。在那之前，亨利从未想过，非人类的动物可能也是弱者和受压迫者之中的一员，但是收养这只小猫为他提供了一个契机，使他得以接受了我的第一篇关于动物解放的论文（那篇论文刚好在那时发表）。[②]他听说了我的课程，前来参加，并在课程结束的时候站起来询问大家是否愿意继续见面——不是为了讨论更多的哲学问题，而是要看看能为那些我们在课上讨论过的、遭受折磨的动物们做点什么。有八个人接受了邀请并由此发展出美国第一轮动物权利运动，成功地阻止了一系列残忍和不必要的动物实验。亨利继续领导了更多成功的运动，包括说服露华浓（Revlon）和雅芳（Avon）之类的化妆品行

---

① Paul Niehaus 为这部分的写作提供了相关信息。

② 这篇论文即：Peter Singer, "Animal Liberation," *New York Review of Books*, April 5, 1973。

业巨头停止在动物身上进行产品实验。亨利的工作令无数动物得以免受剧痛和持续的折磨。虽然亨利在 1998 年去世了，但是其他的组织一直采用了他的策略。亨利依然在发挥着他的影响。[①]

一个开放的选择

为了行最大的善，我应该从事什么职业？这一问题的答案取决于你的兴趣、才能和性格。就像我们已经看到的，创立一个新组织可以行极大的善，但你也必须考虑这样一个选择可能具有的价值究竟是多少。像雅妮娜·欧辰洁丝卡、证严法师、"直接捐赠"的创立者或是亨利·斯比拉那样成功的概率是很小的。在本章和前一章之中，我所能做的是简要地提出一些可能性，如果你想要在一生中最大限度地行善，那么这些可能性就值得考虑。

[①] 相关细节可参见：Peter Singer, *Ethics into Action: Henry Spira and the Animal Rights Movement*（Lanham, Md.: Rowman and Littlefield, 1998）。

6

捐出身体的一部分

2013年1月，我收到一份邮件，开头如下："在《你能拯救的生命》中，你写道，据你所知，你的学生中没有人捐过肾。上个星期二，我痛下功利主义式的决心：我匿名捐出了自己的右肾给最需要的人。我这样做是开启了一条'肾链'，能够让四个人得到肾。捐献肾脏的想法就这样在一堂伦理课上突然冒了出来。"这封邮件是克里斯·克洛伊（Chris Croy）写的，他是密苏里州梅拉梅克圣路易斯社区学院（St. Louis Community College）的学生。他接着告诉我，虽然他从未听过我的课，但我讨论对他人的道德义务的文章起了一定作用，促使他决定捐出肾。克洛伊接着写道，他的同学们在课上读了我的《饥荒、富裕和道德》之后，曾经考虑过约翰·阿瑟（John Arthur）对此提出的如下驳论："帮助他人的一个显而易见的方式就是捐出自己的身体。你有很多非必要的器官（例如眼睛和肾），与留给自己相比，将它们捐给别人会行更大的善。你的视力会变差，寿命会缩短，但这与他人得到的益处相比则不值一提。不过，你的眼睛和你的需求显然不是无关紧要的。或许在某些情况下，牺牲一个人的健康或者视力是必需的，但是看起来很清楚，并非在一切情况下都是如此——在某些情况下，你这样做所能产生的善的净胜值只是微乎其微。"[1]

参加这门课的另一位学生说，我们需要两个肾才能存活，但克里斯知道这是错的并回复称，捐出一个肾几乎不会影响一个人的健康，因此这实际上并不算是一个重大的牺牲。然后，在这门课程剩余的时间里，他都在考虑自己所说的话。他读了所有能找到的、关于肾捐赠的资料。当他的朋友切尔西（Chelsea）告诉他，自己在考虑捐出一个肾时，这个想法忽然间看起来不再是那么疯狂。他决定捐出肾脏，并且鼓足勇气给医院打了电话。切尔西也做了同样的事，但扫描检查显示她有多囊性肾病，所以她的捐赠被拒绝了。克里斯自己继续做完了捐赠的一系列工作。捐出肾脏一年多以后，克里斯的健康状况良好。一天早晨，他接到一个陌生号码的来电，一个声音说，"你好，这是你的肾。"接受肾脏的是一位43岁的教师，他所任教的学校主要是为贫困家庭的孩子开办的。[2]克里斯对此感到很高兴。

亚历山大·伯杰（Alexander Berger）在参加了一次伦理学课程之后也做出了一项改变一生的决定。他在斯坦福大学读过我的某些著作，听说了泽尔·克拉文斯基的捐赠。"起初听起来有点疯狂，"

---

[1] 参见 John Arthur, "Rights and the Duty to Bring Aid," in William Aiken and Hugh LaFollette, eds., *World Hunger and Moral Obligation*（Upper Saddle River, N.J.: Prentice-Hall, 1996）。

[2] 相关信息来自克里斯·克洛伊与本书作者的电子邮件（2013年1月、2014年3月以及2014年4月）。

他说，"我并不是完全认同。"但是他做了一些研究，了解到捐出一个肾是一项比较安全的举措，而且能为接受者带来极大的益处。2014年，全美亟须肾脏捐献的患者名单长达10万人（这是个令人沮丧的数字）并且还在持续增长。等待一位已故的捐赠者捐出肾脏需要5年，在某些州则几乎长达10年。平均而言，每天都有14位等候名单上的患者离世，其中一些人即使得到了捐赠最后还是会去世，因此，虽然因肾脏捐赠不足而失去生命的人数相对来说较少，但仍旧不容忽视。大多数在名单上的患者依靠透析维持生命，而且可以预见他们的生命会缩短。接受肾脏移植平均而言会增加10年寿命，同时还能大幅提升接受者的生命质量。[①]

基于自己收集到的信息，亚历山大开始将捐献肾脏看成是能力范围内的事情。当他告诉朋友和家人自己的想法时，他们认为这是一种疯狂的自我牺牲。但他坚持认为，这是"一个合理的利他主义者能够帮助他人的多种方式之一"。21岁时，亚历山大做了捐赠，以此开始了一条包括6次捐赠的链条[②]（该捐赠链解决了一个问题，即：有人想要捐赠肾脏给所爱之人却又不匹配。A想要捐给B，但是无法这样做；C想捐给D，也无法这么做。如果A可以捐给D

[①] 参见 Sally Satel, "Why People Don't Donate Their Kidneys," *New York Times*, May 3, 2014；Living Kidney Donors Network, http://www.lkdn.org/kidney_tx_waiting_list.html。

[②] 以上引述来自亚历山大通过视频链接在我的普林斯顿大学课程（2013年11月4日）上所做的评论。该课程当时被录制下来并且作为"实践伦理学"课程的一部分，2014年可于课程网（Coursera）上看到。同时参见 Alexander Berger, "Why Selling Kidneys Should Be Legal," *New York Times*, December 5, 2011。

而 C 可以捐给 B，那么就可以进行交换。但如果交换不可能，那么一个利他主义捐赠者将肾捐给任何需要它的人的意愿，就会启动这一链条）。亚历山大在生活的其他领域内也是实效利他主义者。他为"善捐"工作，所以他的职业是帮助人们寻找那些确实有效的慈善机构。他同时也捐出收入的 15%～20% 给这些机构。

除了捐献肾脏之外，克里斯·克洛伊也对其他的实效利他主义行为感兴趣。出于伦理层面的考虑，他成为一个素食主义者，但是由于他的目标是减少苦难，他是那种不去追究食物中乳制品或鸡蛋的摄取量的素食主义者，他认为那些并不值得他花费时间——事实上，他认为对这些事情如此苛求会阻碍人们成为素食者，因而其增加的苦难超过了所能减少的苦难。作为学生，他还没有太多钱可以捐赠，但他计划这么做。实际上，他的邮件继续谈到了这一点，并令人惊讶地在捐肾与捐钱之间做出了对比：

　　我并不认为我的行为有那么好。从活着的捐赠者那里得到的肾脏通常只能持续 25 年。即使你将整条"肾链"都归功于我（基于"要是没有我这条链条就不会出现"的逻辑），我们也只是在讨论 100 年的生命长度，或是 1.5 个人的生命。"善捐"网站上说，救一个人需要花费 2500 美元，所以按我的理解，捐出 5000 美元给抗疟疾组织与捐给 4 个人肾脏相比，前者会创造更大的善。当然了，听过我这番道理的人都不同意我的看法。你怎么想？

不论怎样，我才 24 岁，所以我有充足的时间来做真正的善事。

我每年捐赠的金钱都远远超过 5000 美元，但我仍有两个肾脏。到医院去接受一项于你无益的手术，承担一定的风险（哪怕只是小风险），而这么做是为了令一个陌生人受益，在我看来这已经将利他主义提升到一个很高的层次。因此，有人愿意这么做实在是非常令人动容，虽然现在人数相对较少，但始终在持续增长中。

捐赠血液与骨髓现在已经是拯救病患生命的常规手段，与此同时，非直接器官捐赠（这是官方说法）则表明了利他主义者占有相当大的人口比例，而这种形式的利他主义并不需要你拥有金钱。超过 600 万人在美国国家骨髓捐赠计划（U.S. National Marrow Donor Program）上注册，在全世界则有 1100 万登记捐赠人。[1] 骨髓捐赠需要麻醉，并会使捐赠人在一两天内感到酸痛，但现在有另一种可行方案，可以从血液中提取干细胞。这不需要麻醉，而且在大多数情况下与骨髓捐赠的效果相同。

血液、骨髓和干细胞捐赠是实效利他主义相对简单的形式。由于细胞不久会再生，它们也可以成为利他主义日常生活的一部分。但是人们对待非再生器官捐赠的方式长期以来却极为不同。近年来

---

[1] 参见 T. Bergstrom, R. Garratt, and D. Sheehan- Connor, "One Chance in a Million: Altruism and the Bone Marrow Registry," *American Economic Review* 99（2009）: 1310。

（例如2001年），利他主义式的肾脏捐赠还非常稀少，以至于一篇发表在《移植》（Transportation）杂志上的文章专门反驳某种"精神病假设"，即医院的工作人员将那些主动向陌生人捐赠器官的人看成是精神有问题。相反，该文章的作者认为有必要指出，"真诚的同情会激发关爱之情，而不必将其扭曲成自我吹嘘或者先天的精神障碍。"① 泽尔·克拉文斯基曾于2003年向陌生人捐出了一个肾，当时他还不得不说服医院，证明自己是认真的。兰迪·扎基（Radi Zaki）是位于费城的阿尔伯特·爱因斯坦医疗中心的肾脏病中心主任，他说："我们令他的捐赠过程变得艰难。我们拖延并且敷衍。他越表现出不耐烦，我就会越推延。你需要确定他是认真的。"②

现在，人们的态度正在改变。由"联合器官共享网络"（United Network for Organ Sharing）管理的"美国器官获取与移植网络"（U.S. Organ Procurement and Transplantation Network）从1988年开始记录在世的"非亲属、匿名捐赠人"的数量。在第一个10年中，捐赠的总数是1；至1998年，这个数字是3；1999年是6；至2000年则达到21。发展一直呈上升趋势，直到2008年捐赠数超过了100。在2013年，根据我写作本书时可以查到的最新数据，捐赠数

---

① 参见M. A. Landolt et al., "Living Anonymous Kidney Donation," *Transplantation* 71（2001）: 1690—1696; 我的引用文献来自于Sue Rabbitt Roff, "Self- Interest, SelfAbnegation and Self- Esteem: Towards a New Moral Economy of Non- directed Kidney Donation," *Journal of Medical Ethics* 33（2007）：437–441。

② 参见Ian Parker, "The Gift," *New Yorker*, August 2, 2004, 61。

是 174，而从有记录开始，总共有 1490 起匿名的器官捐赠。[①]

在英国，利他主义式的肾脏捐赠直到 2006 年都是非法的。如果你想要捐给某个非亲非故的人，你就必须向"非亲属活体器官移植管理委员会"（Unrelated Living Transplants Regulatory Authority）申请。该机构的一位成员曾写道："我们的'缓冲行为'完全是为了向自己证明，捐赠人是'图点什么'……如果我们无法发现捐赠人能从这一行动中得到什么，我们就不得不考虑捐赠人的动机是否'真诚'，有时则不得不认为他们是被强迫做出捐赠的。"[②] 在利他主义式器官捐赠合法的最初两年里，有 25 人自愿将肾脏捐给陌生人，人体组织管理局（Human Tissue Authority）的发言人称这一数字是"惊人的"。[③] 数字持续增长，至 2013 年达到了 117。鉴于英国的人口数量只是美国人口数量的 1/5，这就意味着在英国，向陌生人捐赠肾脏的人口比例要比美国高 3 倍。[④]

---

① 美国健康与公共服务部器官采集与移植网站数据库，感谢联邦网络负责"器官共享"的丹尼斯·特里普（Denise Tripp）帮助我提取数据。相关资料可见 http://optn.transplant.hrsa.gov/latestData/rptData.asp。

② 参见 Sue Roff, "We Really Need to Talk About Altruism," 未公开发表，无日期。

③ 参见 "Stranger Kidney Donations Rising," *BBC News*, June 23, 2009, http://ews.bbc.co.uk/1/hi/health/8114688.stm。

④ 参见 Di Franks, "Altruistic Kidney Donation in the UK," April 3, 2011, http://livingkidneydonation.co.uk /altruistic-kidney- donation- in- the- uk.htm, 以及 "Altruistic Kidney Donation Statistics," March 12, 2014, http://livingkidneydonation.co.uk/author/Diane-2. 补充信息由"捐出肾脏"的保尔·范·丹·博世提供，参见 http://www.giveakidney.org. 英国的数据是按照财年计算的，即从当年 4 月 1 日始至来年 3 月 31 日止。美国的数据则按公历年计算。

第 三 部 分

动 机 与 辩 护

7

我们需要的只是爱吗？

现在，我们对实效利他主义者的行为已经有了大致了解。简单地说，他们非常关心他人的福祉并由此想要在生活中做出重大的改变。实效利他主义者选择的不是那些通过情感诉求来吸引潜在的捐赠者的慈善机构，而是那些可以证明自己有能力以投入产出比极高的方式来使用捐款拯救生命并减少苦难的机构。为了能行更大的善，实效利他主义者节约开销或者选择不同的职业，这样他们就能捐出更多善款或者用其他的方式发挥更大的作用。他们也会向陌生人捐献血液、干细胞、骨髓或肾脏。

他们这样做的动力是什么？显然不是为了服从社会规范。我们在前文中所了解的那些人之所以与众不同，恰恰是因为他们超越了——有时候是远远地超越了——社会规范。或许我们首先会想到的答案是，实效利他主义者的行动动力来自于那种"普遍的爱"——我们是如此频繁地听到这个词，尤其是当人们说"我们需要的只是爱"或是宣称全人类都是兄弟姐妹的时候。实效利他主义者的动机来自普遍的爱，这是合理的吗？

大卫·休谟（David Hume）这位18世纪的、对其人类同胞做出了颇多敏锐洞察的观察者曾经写道："在人类的心灵中，还不曾有像对人类的爱这样的激情，单独来看，不依赖于个人品质、公职以及与一个人自身的关系。"[①] 一个多世纪后，达尔文关于人类进化的思想为休谟的观察提供了科学的支持。我们现在知道，我们是基因选择这一漫长过程的产物，该过程淘汰了那些没有能力存活、再生并繁衍后代的基因。对那些"与我们有关的"人（即与我们有亲缘关系的人）的爱是很容易用进化论思想来加以解释的，因为爱提高了与我们相似的基因的存活率。对那些与我们有合作关系的人的爱，或者是对那些（用休谟的话说）"有公职"而服务于我们的人的爱，这也是可以解释的，因为这种关系对于身处其中的人都有益。然而，进化的过程似乎应该会淘汰这样一些人——他们对所有人都给予爱和帮助，并不仅仅是与自己有亲缘关系或是有互惠互利关系的人。

弗朗斯·德瓦尔（Frans de Waal）终其一生都在观察与我们最相近的非人类亲戚的社会行为。他指出，道德很可能是在各个群体内部进化出来的，与之一同进化的还有其他相关能力，例如解决争端、合作以及分享等等。不过这个观点并不能推导出实效利他主义者所践行的那种普遍的利他主义。相反，德瓦尔写道："一般来说，人类对待局外者的态度远比对待自己的共同体成员的态度恶劣许多。事实上，道德规则看起来很难在外部加以实行。"[②] 还有学者如艾利奥特·索伯

---

① 见 David Hume, *Treatise of Human Nature*, book 3, part 2, sec.1。

② 见 Frans de Waal, *Primates and Philosophers*（Princeton: Princeton University Press, 2006），53。

（Elliott Sober）和大卫·斯隆·威尔森（David Sloan Wilson）强烈主张将群体选择作为利他主义进化过程中的关键因子，他们提出了相同的看法："群体选择偏爱群体内的友善和群体间的伤害。"[1]

　　驱动实效利他主义者行动的或许并不是爱，而是移情（empathy），也就是能够设身处地、体会他人的感受或情感的能力。德瓦尔和杰里米·里夫金（Jeremy Rifkin）等作家认为移情是（用德瓦尔的话说）"我们时代的宏大主题"。[2] 里夫金则相信，文明已将移情的范围拓展到家庭和共同体之外，以使其涵盖全人类。[3] 巴拉克·奥巴马（Barack Obama）曾说，我们应该多谈谈"我们移情能力的缺失"。[4] 在他当选美国总统不久之后，奥巴马收到了一封年轻女孩的来信，信里建议禁止发动非必要的战争。在回信中，他告诉这位女孩："如果你还不知道'移情'的意思，我希望你在字典中查一下。我相信，如今在我们的世界里，我们并没有足够的移情心理，而这要靠你们这一代来做出改变。"[5]

---

① 参见 Sober and Wilson, *Unto Others: The Evolution and Psychology of Unselfish Behavior*（Cambridge: Harvard University Press, 1998），9。

② 出自 Frans de Waal, *The Age of Empathy*（New York: Crown, 2009），ix。

③ 见 Jeremy Rifkin, *The Empathic Civilization*（New York: Tarcher/Penguin, 2009）。

④ 参见 Barack Obama, "Commencement Address at Northwestern University," Northwestern News Service, June 22, 2006. 引文出处参考了 de Waal, *The Age of Empathy*, ix。

⑤ 参见 "Pinay Girl Writes to Obama, Gets Response," http://www.philstar.com/news-feature/413043/pinay-girl- writes-obama- gets- response; 引文出处来自 Paul Bloom, "The Baby in the Well: The Case Against Empathy," *New Yorker*, May 20, 2013. 奥巴马夫妇曾经多次提及 "移情"，相关例子请见 http://cultureofempathy.com/Obama/VideoClips.htm。

如果这个女孩遵循了奥巴马的建议，并恰好使用的也是牛津在线字典，那么她会发现，"移情"的定义是："能够理解并分享另一个人的感受的能力。"理解感受和分享感受之间的区别很重要。有一项测试是心理学家用来测量移情能力的，即"人际反应指针量表"（Interpersonal Reactivity Inventory），它测量以下四项不同的指标：

※ 移情关怀（empathic concern）是指倾向于体会到温暖的感受、同情和对他人的关心；

※ 个人困扰（personal distress）是指一个人在回应他人情感时自身所感受到的不安和不适；

※ 观点采择（perspective taking）是指接受其他人观点的倾向；

※ 想象力（fantasy）是指想象自身正在经历虚构人物的感受和行为的倾向。

前两项指标涉及一个人对他人的感受并因此成为情感移情的两个方面。另外两项指标是移情的认知方面。它们考量的是一个人知道某件事情在另一个人眼中意味着什么。[1]

---

[1] 见 M. H. Davis, "Measuring Individual Differences in Empathy: Evidence for a Multidimensional Approach," *Journal of Personality and Social Psychology* 44（1983）：113—126. 该文献出处来自 Ezequiel Gleichgerrcht and Liane Young, "Low Levels of Empathic Concern Predict Utilitarian Moral Judgment," *PLOS ONE* 8（2013）：e60418。

在大多数情况下，情感移情是件好事，但是通常来说，当我们能够认出一个人并且与之建立联系时，它的效用最强。当人们看到某个正在挨饿的孩子的照片并得知她的名字与年龄时，他们往往更愿意捐款来帮助那些挨饿的孩子。但是，告诉他们有上万名孩子需要帮助，这并不能产生同等程度的积极回应。[①]我们可以对上万名孩子产生认知移情，但对如此众多的人产生情感移情是很难的，我们甚至无法将他们识别为一个个独立的个体。

实效利他主义并不要求这种强的情感移情（即人们对可辨认的个体有情感感受），而且得出的结论甚至相悖于这种形式的情感移情所得出的结论。在一项研究中，研究人员给人们看一个孩子的照片，告诉他们孩子的名字和年纪。然后，他们被告知，为了拯救这个孩子的生命，她需要采用一种全新的、昂贵的、成本高达30万美元的药物，而且人们正在设立一项旨在筹集这笔款项的基金。他们被要求向该基金捐款。另一组被试者则看了八位孩子的照片，知道了他们的名字和年龄，并被告知需要30万美元来生产药物以拯救所有这些孩子的生命。他们也被要求捐款。那些看了一个孩子照片的人捐出的善款比看了八个孩子照片的人捐出的善款更多，大概是因为他们对某一个孩子产生了移情，但无法对数量更多的孩子产

---

① 见 Paul Slovic, David Zionts, Andrew K. Woods, Ryan Goodman, and Derek Jinks, "Psychic Numbing and Mass Atrocity," in Eldar Shafir, ed., *The Behavioral Foundations of Public Policy* (Princeton: Princeton University Press, 2013) , 126–142。

生移情。[1] 对实效利他主义者而言，这是个荒谬的结果，而如果这个结果是由情感移情产生的，那么对于这种类型的移情来说就更加糟糕。实效利他主义者更关心数字、拯救每条生命的成本以及所减少的遭受痛苦的时间（具体到年）。如果他们要捐一万美元，他们会捐给一家花费两千美元拯救一条生命的慈善机构，而不会捐给需花费五千美元才能拯救一条生命的机构，因为他们希望拯救五条生命，而不是两条。

你的想法与上面那项研究的参与者相似吗？耶鲁大学心理学教授保罗·布鲁姆（Paul Bloom）提出，如果我们想想自己的反应，大多数人都会意识到自己的想法与他们的类似。想象一下，你得知在世界上某个遥远的地方发生了一场地震或飓风，并且被告知死亡人数会达到（比如说）两千人。你对此感到很难过。而你稍后了解到，事实上有两万人在灾难中丧生。你可能会感到又多了一些难过，但是不太可能感到十倍于之前的悲伤。[2]

正如我们已经看到的，实效利他主义者不必是功利主义者，但是他们与功利主义者持有很多相同的道德判断。特别是，他们同意功利主义者的这个看法：在其他条件相同的情况下，我们应该去做我们所能做出的最大的善。在一项关于情感在道德决策中所发挥的作用的研究中，被试者被置于所谓的拖车难题困境（trolley problem

---

[1] 参见 Tehila Kogut and Ilana Ritov, "The 'Identified Victim' Effect: An Identified Group, or Just a Single Individual?," *Journal of Behavioral Decision Making* 18（2005）: 157–167。

[2] 参见 Bloom, "The Baby in the Well"。

dilemma）：比如说，一辆拖车正开进一条隧道，而隧道里面有五个人。除非你将拖车转到岔道上，否则它就会杀死全部五个人，而如果转到岔道上则只有一个人会因此丧生。该难题的另一个版本是，拯救这五个人生命的唯一方法就是将一个很胖的陌生人从天桥上推下来。他会失去生命，但他的体重足以截停拖车并拯救那五个人。在三项不同的试验中，人们发现，那些始终做出功利主义判断的人较之于那些做出非功利主义判断的人而言，移情关怀的程度较低。我们已经看到，移情关怀是情感移情的一方面。而移情的其他方面（包括个人困扰和观点采择）在一贯做出功利主义判断和并非如此的人群之间则没有什么变化。两组人群在人口统计学或文化层面上（包括年龄、性别、受教育程度和宗教信仰在内）都没有太大差别。①

　　另一项拖车问题研究则使用虚拟现实科技，从而令人们更能身临其境，迫使他们决定要不要让拖车转轨，由此杀死一个人而拯救五个人。在这项研究中，试验者测量被试者做出决定时的皮肤电导率。皮肤的电导率的程度取决于皮肤的湿润度，由此能探知细微的出汗，而这是产生情感反应的一个迹象。那些做出功利主义决定的

① Gleichgerrcht and Young, "Low Levels of Empathic Concern," e60418. 关于拖车问题的一个有趣讨论，参见 David Edmonds, *Would You Kill the Fat Man? The Trolley Problem and What Your Answer Tells Us about Right and Wrong* (Princeton: Princeton University Press, 2003)。

被试者显示出较低程度的情感唤醒。[①]正如这两项研究明确表明的，如果功利主义者与其他人相比，更不会轻易地感到情感移情，那么看起来实效利他主义者在这方面也不太可能有太大的差别。至少与那些出于非利他主义动机而行动的人相比，功利主义者和实效利他主义者的利他主义行动不可能是由更为强烈的情感移情所导致的。

在回应那些认为这世界最需要的是扩展移情的人时，布鲁姆写道："对于未来，我们最大的希望不是让人们以为全人类都是一家人——那是不可能的，而是令人们都认识到，即使我们无法对远方的陌生人产生移情，他们的生命也和我们至亲至爱之人的生命具有同样的价值。"[②]我们在前几章所见到的实效利他主义者看来主要就是那些承认上述事实的人，即遥远陌生人的生命与我们所爱之人的生命具有同样的价值，而且他们都极其关心自己所能帮助的人数。这样说不是要否认他们对那些自己正在帮助的人有移情心理，而是说移情这种心理机制不能将他们和那些不那么利他的人区分开来。布鲁姆在讨论前文提到的一项研究时做出了一个观察，其中暗示了对我们的利他主义能力的一项完全不同的说明："就我们有能力认识到数字极为关键而言，这是因为理性，而非移情。"

对于上述主张（即在实效利他主义者的动机中，理性发挥了关

---

① 参见 C. D. Navarrete, M. M. McDonald, M. L. Mott, and B. Asher, "Virtual Morality: Emotion and Action in a Simulated Three- Dimensional 'Trolley Problem,'" *Emotion* 12（2011）: 364–370。我从 Gleichgerrcht and Young 那里得知这条文献。

② 参见 Bloom, "The Baby in the Well"。

键作用）的最强的反对，来自于休谟那颇富影响力的观点，也就是说，理性绝不可能引发行动，因为一切行动都肇始于激情或者欲望。休谟写过一句很著名的话："理性是，也应该仅仅是激情的奴隶。"用现代话语来说，这就是一种工具论的理性观念。理性帮助我们得到想要的东西，但它不能告诉我们想要的是什么，或者至少不能告诉我们什么东西才是我们为其自身的缘故而渴望得到的。为了论证理性在实效利他主义者的动机中具有关键作用，我们就必须拒绝这种工具论的实践理性观点。

我们可以引用伊曼纽尔·康德（Immanuel Kant）的观点，这种立场与休谟的名句相左："有两件东西，我们越是经常且如一地对之加以反思，就越是感到钦慕和敬畏，那就是我们头上的星空和心中的道德法则。"① 对康德而言，道德法则就是理性法则，但是康德宣称，反思这一理性法则会产生情感。然而，康德未能解释永恒的理性真理如何在所有人心中产生情感感受——而这些情感各有其独特的经验本性。考虑到这一缺陷，休谟的观点看起来可能是唯一可捍卫的。

亨利·西季威克（Henry Sidgwick）是 19 世纪最后一位伟大的功利主义学者（继杰里米·边沁 [Jeremy Bentham] 和约翰·斯图亚特·穆勒 [John Stuart Mill] 之后），他与康德都持有同样的信念，认

---

① 参见 Immanuel Kant, *Critique of Practical Reason*, trans. L. W. Beck（New York: Library of Liberal Arts, 1956），166。

为伦理学有一个理性基础，但他比康德走得更远，将理性的基础看成动机的一种可靠形式。西季威克认为，存在着某些自明的基本道德原则或是公理，我们可以通过推理能力来掌握它们。其中与我们的论题最相关的基本原则有以下几条：

从整个宇宙的视角来看（如果我可以这么说的话），任何一个人的善都不会比另一个人的善更重要，除非我们有特殊的理由相信，在某种情况下会较其他情况产生更多的善。

对于这个说法，西季威克又加上了另一个主张，这次是关于一个理性存在者必然要达到的目标：

而且在我看来很明显的是，作为一个理性存在者，我一定要追求一般而言的善——只要在我能够达到的范围内——而不仅仅是善的某个具体部分。

从这两个原则中，西季威克推演得出了他所说的"用一种抽象形式来表达的慈善准则"：

每个人在道德上都应该将他人的善视作自己的善，除非当他出于不偏不倚的观点做出判断，认为他人的善更小、更不确知或是更

不易获得。[①]

这一准则（以及引导西季威克得出该准则的上面那两条原则）非常类似于布鲁姆所提出的原则，这才是一种对于未来的更好的希望，而非那种要将移情心理扩展到地球上每一个人身上的想法。也正是这种原则才能引导那些接受它的人做出实效利他主义者会做的事情（我们在前几章中已经看到了这些事迹）。西季威克认为，这些判断导致了"理性的命令"，他用这个词来表示，如果我们是纯粹的理性存在者，"理性的命令"就会驱使我们做出行动。人类并不是纯粹的理性存在者，所以虽然接受"理性的命令"使我们有了动机去按照"慈善的准则"行动，但是我们可能还有其他的动机，其中一些会支持"理性的命令"，另一些则会与之相冲突。

在那些支持理性命令的动机中，就包括西季威克所谓的"同情和博爱的热情"，他可能用这个概念来表达某种类似于我们今天会称为"移情"的心理机制。而在那些反对理性命令的动机中，可能会有种族主义、民族主义和利己主义。但是如果一个人认识到追求所有人的善较之于追求某个小群体的善更为合理，同时却追求个人利益而不考虑他人利益，那么他很可能就是"不光彩的"。这会导致一种不舒服的感觉，西季威克称之为人们在认识到总体的善（也

---

① *The Methods of Ethics*, 382. 接下来我关于西季威克"伦理判断如何成为动机"这一观点的说明，是吸收了以下著作的观点：Katarzyna de Lazari- Radek and Peter Singer, *The Point of View of the Universe* (Oxford: Oxford University Press, 2014)。

就是每个人的善）比部分的善（也就是一个人自己的善）更值得选择之后，对这种认识所做出的"正常的情感反应或表达"。我们愿意将自己看成是合情合理的存在者，并由此认识到我们的行为正在对抗我们的理性，这种认识会威胁到我们的自尊。[1] 需要注意的是，西季威克并没有说，那些认识到为了总体的善所具有的重要性而做出行动的人就缺乏情感动机。相反，他认为这些人对于"为了总体的善而行动"所具有的重要性有所认识，而这种认识在他们心中产生了某种情感反应。如果这是对的，那么理性就能够产生某种情感或激情，至少对于在乎自尊的人类而言，休谟关于"理性是激情的奴隶"的宣言将被颠覆。

---

① 参见 *The Methods of Ethics*, 40, 500。

8

多中之一

伯纳德·威廉斯（Bernard Williams）论证说，人类并不是那种能够采用"宇宙视点"的动物：

> 困难在于……道德倾向以及其他的如忠诚和承诺，都确实具有一定的深度或厚度；至少对其拥有者而言，它们不能被简单地看作是为了产生行动或事态的手段。恰恰是这样一些倾向和承诺赋予一个人的生活以某种意义，并给了他过这样一种生活的理由……简单说来，我们无法设想有一种能够令我完全脱离自身的实践，能够从一个完全外在的视角来通盘评价那些构成我的生活之实质的东西，例如我的倾向、规划和情感。[①]

[①] 引自 Bernard Williams, "The Point of View of the Universe: Sidgwick and the Ambitions of Ethics," *Cambridge Review*, May 7, 1982, 191；重印后载于 Bernard Williams, *The Sense of the Past: Essays in the History of Philosophy*, ed. Myles Burnyeat（Princeton: Princeton University Press, 2006）. 关于近来对某种类似观点的辩护，参见 Stephen Asma, *Against Unfairness*（Chicago: University of Chicago Press, 2012）。阿斯玛承认他的观点受到了威廉斯的影响，见该书第183页，注释22。

实效利他主义者似乎已经做成了威廉斯认为不可能完成的事。他们能够将自身从那些更为个人的考虑中分离出来，而那些考虑对于我们每个人的生活方式而言本来是具有决定意义的。尽管这种"超然"的分离并不是总体性的，但是确实对这些实效利他主义者的生活方式产生了重要影响，而且这种"超然"是以某种理性推断为基础的，而这种推断就相当于是从一个独立于他们的"倾向、规划和情感"的视角来评价他们自己的生活。下面列举了一些人们通常所说的倾向和情感，而实效利他主义者会认为这些倾向和情感作为捐款理由来说其实是误导性的：

※ 我向乳腺癌研究捐款，因为我的妻子死于乳腺癌。

※ 我一直想成为艺术家却没有机会，所以现在我捐助的机构致力于为有前途的艺术家提供机会、发展其创作才能。

※ 我热爱自然摄影，所以我捐款以保护景观壮美的自然公园。

※ 因为我是美国人，所以贫穷的美国人是我帮助的首要目标。

※ 我喜欢狗，所以我向本地动物收容所捐款。

"宇宙视点"对个体行为的影响因人而异。下面这一点可能是重要的：许多实效利他主义者还很年轻的时候就决定了其总体的生活目标，而他们还未曾与那些更为具体的计划，或是（有时候）那些价值观不同的人有太深的瓜葛。当我们还是婴儿时，我们无法理性思考，但我们能够也确实对许多事情具有情感。当我们开始理性思考时，我们可能将理性用于普遍化以及从某些情境中推导出结论——而我们对这些情境已经有了某种情感态度。不过，理性不只是激情的奴隶。如果对激情加以调整并重新引导，它就能在我们做出伦理行动的过程中发挥重要作用。

当我们决定去过一种伦理生活时，我们能够进行理性推理的可能性发挥了重要作用，而这可以解答一个令人困惑的难题，即：实效利他主义可能会对进化理论造成问题。我们不难解释，为什么进化会挑选出理性能力：该能力使我们能够解决各种各样的问题，比如说，令我们得以找到食物或合适的合作者、从事繁殖或其他形式的合作活动，令我们得以躲避捕食者、智胜对手。如果理性还能使我们认识到，从一个更普遍的视角来看，他人的善与我们自己的善同样重要，那么我们就可以说明，为什么实效利他主义者的行为是与这些进化论原则相一致的。就像我们能够运算高等数学一样，我们用理性来识别基本的道德真理，而这种运用是另一个特点或能力的副产品，该特点或能力之所以被选择出来，是因为它提高了我们的繁殖适应性——在进化论上被称为"附属效应"（sqandrel）。①

理性能够为利他主义动机提供关键要素，对这一假设的进一步

---

① 更加充分的论述参见：Katarzyna de Lazari-Radek and Peter Singer, "The Objectivity of Ethics and the Unity of Practical Reason," *Ethics* 123（2012）:9–31; 批评性的讨论参见 http://peasoup.typepad.com/peasoup/2012/12/ ethics-discussions-at-pea-soup-katarzyna-de-lazari-radek-and-peter-singer-the- objectivity-of-ethics–1.html, 以及 Guy Kahane, "Evolution and Impartiality," *Ethics* 124（2014）: 327–341.

支持来自我们从实效利他主义者身上观察到的行为。当利他主义者谈起自己行动的原因时，他们经常使用的语言更多地显示出，他们具有理性的洞察，而非情感冲动。比如，泽尔·克拉文斯基告诉伊恩·帕克，许多人不理解他渴望捐肾的原因在于"他们不懂数学"。他当然不是字面上的这个意思。克拉文斯基的意思是，人们不明白，因捐肾而丧生的风险只有 1/4000，所以，不去向有需要的人捐肾就意味着将自己的生命价值看作陌生人生命价值的 4000 倍，而泽尔认为这种想法是错的。我们之所以在这里提到泽尔的评价，是因为当他解释为什么别人无法理解自己的动机时，所使用的词是认知能力方面的缺陷，而不是感受或情感的缺失。托比·欧德提出的评价也与此类似，当时他在解释自己为什么会转变为我们现在所说的"实效利他主义者"——因为他计算过，如果自己生活朴素并将富余的一切财物都捐给实效的慈善组织，那样能够拯救多少生命。经过计算之后，他就很清楚自己应该做什么了。巴西的实效利他主义者塞尔索·维埃拉（Celso Vieira）说："更容易打动自己的，是论证而非移情。"主要居住在芝加哥的钢琴师、多学科艺术家瑞秋·梅利（Rachel Maley）为"你能拯救的生命"撰写博客时写道："数字将我变成一个利他主义者。当我认识到自己可以用办健身月卡的昂贵费用（我甚至都不愿意说到底是多少钱）来治愈盲人，我当时唯一的想法是："'我为什么之前都没有这样做？'这个问题永远改变了我的生活。我重新考虑了自己所有的财务优先支出项目。正是由于之前我始终让情感上的多愁善感来决定自己的慈善捐助方式，因此实效利他主义就像一道光芒，照亮了一切。"[1]

当《纽约时报》专栏作家大卫·布鲁克斯批评"为了捐款而赚钱"这一想法时，他认识到实效利他主义的理智基础——并对此明显感到不舒服："如果你从一个严格的理智层面来看待这个世界，那么一个生活在巴基斯坦或者赞比亚的孩子就和你自己的孩子同样重要。但是这样思考问题的人并不多。并没有多少人会将我们通过统计数字而认识到的生命，与自己在实际生活中抚养、拥抱、哺育、陪同其一道玩耍的生命看得同等重要。"[2] 实效利他主义的批评者常常提出（就像布鲁克斯那样），从"严格的理智层面"认识到，一个身处巴基斯坦或赞比亚的孩子就像你自己的孩子一样重要，并为这一认识而打动，这里面有一些奇怪的或者说不自然的东西。[3] 但是就像我在前言中说到的，爱自己的孩子并不意味着你必定会被爱冲昏头脑，以至于无法认识到存在着一个视角，由之看来其他孩子与你自己的孩子同样重要；而且你也不至于看不到，该视角不会对你的生活方式造成影响。

实效利他主义者更多地讨论他们能够帮助的人数，而不是帮

---

① 参见 Rachel Maley, "Choosing to Give," The Life You Can Save blog, April 9, 2014, http://www.thelifeyoucansave.org/blog/tabid/107/id/69/choosing-to-give.aspx。

② 参见 David Brooks, "The Way to Produce a Person," New York Times, June 3, 2013。

③ 另一个例子则用于论证应捐助当地，而不是捐助其他国家，参见 William Schambra, "The coming showdown between philanthrolocalism and effective altruism," Philanthropy Daily, May 22, 2014, http:// www.philanthropydaily.com/the-coming-showdown-between-philanthrolocalism- and-effective-altruism/。

助具体的个人，这很说明问题。对数字的关注反映在他们的捐款中，他们捐款给那些他们有理由相信能做最多好事的组织，这通常意味着，相较于把善款捐给那些不够实效的组织，他们的捐款会帮助更多的人。很多为了帮助穷困国家而捐款的人，同时也会资助个别的孩子，这种做法表明，他们需要将焦点集中在那些他们能够以某种方式加以了解的个体身上，而这不太可能使受益人数最大化。

与上述观点相一致，许多最杰出的实效利他主义者在那些要求抽象推理的领域中都有相关背景或者格外擅长，例如数学和计算机。泽尔·克拉文斯基靠着自己的数学技能而成为一名成功的房地产投资人。托比·欧德在进入哲学领域之前，研究的方向是数学和计算机科学。马特·韦之在转攻哲学专业之前，在普林斯顿攻读数学且成绩优异。伊恩·罗斯读本科时在麻省理工学习数学和计算机科学。吉姆·戈林鲍姆的计算能力在其班级中一直是最好的。菲利普·格鲁伊森姆在扑克巡回赛中的杰出战绩足以证明他对概率有极好的把握。塞尔索·维埃拉在完成那些要求分析推理能力的任务时表现非常出色。我特别喜欢用一个例子来说明实效利他主义与计算能力这二者的结合，就是"数动物"（Counting Animals）这个网站，副标题是："喜欢动物和数字的人的小天地"，并在主页上宣称："书呆子与动物权利相聚于此！"

我们可以推测，那些具有较高抽象推理能力的人更可能采取实效利他主义的方式来帮助别人。有一项研究是关于捐款者对慈善机构之效率信息的反应,它为这一推测提供了支持。迪恩·卡兰(Dean Karlan)和丹尼尔·伍德(Daniel Wood)与一家总部位于美国的慈善机构"免于饥饿"(Freedom from Hunger)合作,为筹款信件分类。标准信件格式包括对于一个从该组织受益的个人的描述。就像我们已经看到的,这类描述会引起情感反应。在发给随机抽取的捐款人的信件中,卡兰和伍德添加了一些信息,给出了关于该组织的工作实效的科学证据。他们发现,这一信息增加了那些大额捐款者的捐款数量(他们之前的捐赠超过 100 美元),却降低了小额捐款者的捐款数额。就像我们之前看到的,向许多慈善机构捐款的小额捐款人大多是"温情"捐款者,其关注点实际上并不在于行最大的善。卡兰和伍德写道:"我们发现小额捐款人对于慈善实效的信息所做出的反应是降低捐款频率并减少捐款额,这与以下研究结果相符合,即:人们在分析性信息面前会终止其捐款的情感冲动。"[①] 另一方面,实效利他主义者受分析性信息的影响很大,这说明他们的情感冲动没有被这些信息抑制。相反,他们用信息克服了自己的情感冲动,正是后者导致了其他人的行动不那么富有实效。

与其他很多人相比,实效利他主义者在更大程度上倾向于让理性能力主导其情感并加以重新定向,这一假设与 10 多年来心理

---

① 参见 Dean Karlan and Daniel Wood, "The Effect of Effectiveness: Donor Response to Aid Effectiveness in a Direct Mail Fundraising Experiment," Economic Growth Center Discussion Paper No.1038/Economics Department Working Paper No.130, Yale University, April 15, 2014, http://ssrn.com/abstract=2421943, p.13。

学领域中关于约书亚·格林（Joshua Greene）的观点的研究相符合。该观点认为，当我们做出道德判断时，我们是在运用两个彼此独立的过程。格林认为，大多数人做出道德判断的方式可以被看成是类似于使用照相机拍摄照片，即通常使用傻瓜相机的自动模式，但也能切换到覆盖自动设定的手动模式。当我们面对一个需要做出道德判断的情况时，我们通常会做出一个直觉性的本能反应，它告诉我们什么时候出了错。就像傻瓜相机，我们的直觉反应非常迅速且易于付诸实施，而且在正常条件下会产生好的结果。但是在极少数特定情况下，直觉反应则会导致我们走上歧路。这样的话，如果我们切换到手动模式，就会得到更好的结果。也就是说，如果将我们的本能反应放到一边，去思考整个情况，结果则会更好。①

设计傻瓜相机的初衷是让非专业人士在大多数情况下都能拍出好照片。我们第一时间的道德反应不是被设计出来的，而是自然选择的进化结果。由于在进化史的大部分时间里，我们都生活在小型的种族部落中，因此，我们发展出某些本能反应去帮助亲族与合作伙伴而非遥远的陌生人或动物，这没什么好惊讶的。

这一模型最具争议的方面在于，它将道德判断（这些判断尤其基于"有些事情本身就是错的，无论其后果如何"这一观点）与本

---

① 参见 Joshua Greene, *Moral Tribes: Emotion, Reason, and the Gap Between Us and Them* (New York: Penguin, 2013)。

能的、诉诸情感反应的、傻瓜相机式的道德判断模式联系起来，同时特别地将功利主义判断与手动模式联系起来，后者除了诉诸情感态度，也使用我们有意识的思维过程或理性推理。关于这个观点的部分早期证据来自于一项研究，在这项研究中，格林及其同事要求人们对拖车难题及类似的道德困境做出判断，同时记录他们大脑活动的图像。研究显示，在被试者做出功利主义判断时，其大脑中与认知控制相关的区域中的活动增强，而做出非功利主义判断之前则不会出现这一现象。[①] 这一揭示性的发现有大量进一步的证据作为支持。比如，在另一项研究中，在向被试者呈现道德困境之前，要求他们在面对每一个困境之前先去记住一连串字母、数字和特殊字符，比如 n63#m1Q。他们被告知，在试验结束后，要去重复这一序列。人们将其称为认知负荷（cognitive loading），它会增加大脑中与推理相关的区域的负担。与那些没有认知负荷的被试者相比，这些被试者在遇到各种道德困境时更容易做出判断，认为某些行动无论会导致何种结果，其本身就是错的。对符号序列的记忆过程令他们难以充分地进行理性推理，因此他们给出了一个更为直观的反应。与此类似，当被试者看到一个具体人物的照片（而如果他们选择不去救助更多个体的话，这个人就会受到伤害），他们做出功利主义反应的可能性就会降低，这大概是由于照片唤起了他们对受害者的移

---

① 参见 J. D. Greene, L. E. Nystrom, A. D. Engell, J. W. Darley, and J. D. Cohen, "The Neural Bases of Cognitive Conflict and Control in Moral Judgment," *Neuron* 44（2004）: 389–400。

情。其他关于认知负荷的研究也产生了类似的结果。[①] 还有很多研究也同样支持格林有关我们如何做出道德判断的双过程理论。[②] 这些研究同样也支持更具体的主张，即特别将后果主义判断与更好地运用有意识的推理过程联系起来。

为了避免可能的误解，我要重申，我没有试图将实效利他主义者描绘成冰冷的理性计算机器。"善捐"的联合创始人霍尔顿·卡诺夫斯基在博客中讨论了一种在他看来是误解的观点，即：实效利他主义者为了尽可能合乎理性地行动，从而压制了自身的激情。他坚称情况不是这样的。相反，他写道，"实效利他主义正是我们的激情所在。最大限度地使用我们的资源，尽可能帮助他人，想到这些我们就会感到兴奋……如果我认为转去做其他事情会行更大的善，那就很难对在做的事情保持兴趣。我不是在描述自己'应该'怎么想或'试图'怎么想。我所描述的是令我激动的东西……正是这种激动鼓舞着成立"善捐"的那些人通宵达旦地工作，而我相信，不会有任何其他项目能让我如此有动力地努力。"[③] 关于这

---

① 参见 Paul Conway and Bertram Gawronski, "Deontological and Utilitarian Inclinations in Moral Decision Making: A Process Dissociation Approach," *Journal of Personality and Social Psychology* 104(2013): 216–235; see also J. Greene, S. A. Morelli, K. Lowenberg, L. E. Nystrom, and J. D. Cohen, "Cognitive Load Selectively Interferes with Utilitarian Moral Judgment," *Cognition* 107 (2008) : 1144–1154。

② 对这个证据的概述，参见 Joshua Greene, "Beyond Point-and- Shoot Morality: Why Cognitive (Neuro) Science Matters for Ethics," *Ethics* 124 (2014) : 695–726。

③ 参见 Holden Karnofsky, "Excited Altruism," GiveWell blog, August 20, 2013, http://blog.givewell.org/2013/08/20/excited-altruism/。

一博文的评论分成两派，有些人产生共鸣，其他人则认为他对批评者做了太多让步，他应该站起来为理性辩护，而不是承认，遵循理性而非激情的观点有其消极的一面。耶路撒冷希伯来大学（Hebrew University）的研究生乌利·卡兹（Uri Katz）问霍尔顿，如果有天早晨他醒来发现，自己渴望在施粥处而不是在"善捐"工作，他会如何做。即使继续在"善捐"工作会行更大的善，他还是会去施粥处工作吗？霍尔顿对此回复说，他觉得很难去考虑一个涉及如此重大转变的假设问题，但他补充了一句："我可能会很艰难地做出决定，而且我有很大可能会选择施粥处。"不过，为什么这会是一个艰难的决定呢？为什么霍尔顿不能简单地说："对啊，当然，我会去施粥处工作。"我的看法是，这是因为在其决策过程中起作用的是理性，它本应如此。

在"数动物"网站的创始人哈里斯·塞苏（Harish Sethu）那里，我们可以看到，理性在情感的伴随下起到了同样的作用。塞苏告诉我："我发现，有关动物受折磨的视频在我身上总是会引起强烈的情感反应。承认这一点会有些尴尬，但是这些视频的确总是令我哭泣。我所做的所有理性数字运算说到底都是由这种情感（同情、怜悯等）所激发的……我同时被理性和情感二者推动着行动。"对塞苏而言，对动物遭受折磨的情感反应是最终的驱动力，但他意识到，他在视频中所看到的，只不过是动物所遭受的更大折磨的一部分。这一认识并没有削弱他的情感反应，而当人们被告知有一群孩子而不是一个孩子需要救助时，他们的情感反应通常会变弱。[1] 他也没有将自己对于某个视频（比如说，一条狗遭受虐待的视频）所产生的情感反应看作帮助那条狗，乃至帮助所有狗的原因。相反，就像我们将会在第十三章看到的（在那里，我们会考虑一个实效利他主义者面对动物遭受折磨的情景时应该如何行动），他所做的推理是关于自己如何能够在更普遍的范围内、最大限度地消除动物所遭受的折磨。

如果某种高层次的抽象推理能力对于实效利他主义有利，我们就可以追问，为什么实效利他主义这一运动只有在今天才得以兴起。人们的抽象推理能力忽然间提升了吗？这里面可能涉及几个因素。在富裕国家，有数量可观的人过着非常舒适的生活，不必为经济保障操心。在这些情况下，寻找生命的意义并予以实现就成了首要目标，许多人转向实效利他主义，将之视为赋予其生活目标的一种方式（否则他们的生活可能就没有目标）。不仅如此，大量财富如今开始掌握在新一代人手中，而他们主要从事数据和事实分析。这些人可能更容易接受以"行最大的善"为基础的捐赠观念，而不是出于家庭传统、社会风俗或个人感受等原因而捐款。技术发展令实效利他主义者得以通过互联网彼此联结，因而始终具有重要意义。"善捐"成立以后，人们想要知道的"往哪里捐款最好"，已经不再是个难题。

---

[1] 参见前文第 92 页。

即使我们的推理能力保持不变，上述发展或许也足以推动产生实效利他主义。然而，令人惊讶的是，在20世纪相对较短的时间内，人们的推理能力确实获得了相当程度的发展。平均的智商得分仍然是100，但这仅仅是因为，为了产生这个得分结果，智商测试的分数被标准化了。为了令初始得分更接近标准分数，测试本身不断加以修改。在每个重要的工业化国家，初始得分每十年平均提升大约三个百分点。这一现象被称为弗林效应（Flynn effect）——以詹姆士·弗林（James Flynn）命名，他在1984年和1987年发表了讨论该问题的论文。① 按今天的标准测算，1932年美国的平均智商得分大概只有80。②

我们可以提出几个原因来说明为什么智商测试的分数会提高，其中既包括更好的营养供给，也包括更有激发性的环境因素，它要求我们进行更多的思考。教育水平的提高或许也有影响，但在那些测试抽象推理能力而不是词汇和计算的问题上，分数提高的幅度最大。弗林后来提出了一个解释，他认为，针对问题进行推理的科学模式的普遍盛行可能是促进推理能力提高的原因。③

---

① 参见 J. R. Flynn, "The Mean IQ of Americans: Massive Gains 1932 to 1978," *Psychological Bulletin 95* （1984）: 29—51; J. R. Flynn, "Massive IQ Gains in 14 Nations: What IQ Tests Really Measure," *Psychological Bulletin* 101（1987）: 171–191。

② 参见 U. Neisser, "Rising Scores on Intelligence Tests," *American Scientist* 85（1997）: 440-447。

③ 参见 James Flynn, *What Is Intelligence*? *Beyond the Flynn Effect* （Cambridge: Cambridge University Press, 2009）。

斯蒂芬·平克（Steven Pinker）相信，当印刷业的发展将观念与信息传播到更广泛的人群中，我们的推理能力可能就已经开始提高了。他论证说，较好的推理也具备某种积极的道德影响力。我们变得更善于采取某种不偏不倚的立场，并将自己从我们个人的和狭隘的视角中分离出来。平克称之为"道德层面的弗林效应"（moral Flynn effect）。[1] 如果他是对的，那么这种效应就能引导更多的人接触到那些具有实效利他主义典型特征的道德观念。21世纪人际传播的巨大发展，以及随之而来的、与他人（无论是远方的还是身边的）之间的密切联系，会为人性、大脑以及我们的道德感带来什么改变？对此，我们拭目以待。

---

[1] 参见 Steven Pinker, *The Better Angels of Our Nature* (New York: Penguin, 2011)。

9

利他主义与幸福

当人们得知实效利他主义者的所作所为，他们常常想知道是什么能够令一个人为了一个陌生人而做出那么多牺牲。但是很多实效利他主义者完全不会把自己的所作所为看成是一种牺牲。霍尔顿·卡诺夫斯基在一篇发布于"勃兴的利他主义"（Excited Altruism）上的博文中谈到了这一点，他说自己和艾利并不认为他们是非同寻常的无私，也不觉得自己创立"善捐"是做出了某种牺牲。"与我们在金融行业工作时相比，"他写道，"我们发觉现在的工作更有趣、更令人兴奋、更能激励人向前，还能遇见更多志同道合的人，所有这些完全能够弥补收入方面的损失，而收入减少对我们的生活其实也没有很大影响。"① 我们此前所介绍的实效利他主义者一般来说也不会将自己的所作所为看成是某种牺牲。托比·欧德最初认为，一年花费 1.8 万英镑生活是一种值得做出的牺牲，因为他可以用这笔收入来做很多善事。没过多久，他认识到这完全不是牺牲，因为在他看来，投身于令世界进步的事业，其意义远远胜过添置新的电子配

① 文章见于：http://blog.givewell.org/2013/08/20/excited-altruism/。

件或是更大的房子。[①] 就像我们已经看到的那样，茱莉亚·怀斯认为，自己有能力拯救数百条生命是一个"宝贵的机会"——只需要将自身投入其中，而她很愿意这样做。伊恩·罗斯熟悉心理学方面有关消费者花费的"快乐踏车"（hedonic treadmill）理论，该理论表明，当我们增加了花费，短时间内会感觉良好，不过随后就适应了这种感受并且需要花费更多来维持这种感觉。因此，他说，即使当他没有因捐款而感觉良好的时候，他也不觉得自己有多么大的损失。查理·布莱斯勒无偿担任"你能拯救的生命"机构的执行官，他告诉我，"我其实并不相信'利他主义'——我相信的是，我是在拯救我自己的生命，而我早就应该这么做！"

我们总是认为，牺牲就等同于收入方面的损失。但是，钱并不是一种内在的善。不要因为某件事会令你的收入减少就说它是一种牺牲，更合理的说法可能是，如果做某件事令你过得不好，或者换句话说，令你变得不那么幸福，这样的行动才是一种牺牲。因此，如果我们要判断实效利他主义者是否做出了牺牲，就需要看一看幸福的主要决定因素是什么，或者至少看一看，实效利他主义者所做的那种选择会产生哪些影响。近来有心理学研究表明，就这一点而言，卡诺夫斯基、欧德、怀斯和罗斯并不是罕见的个例。有关收入与幸福（或者说好生活）之间关系的研究表明，对于那些收入较低的人来说，收入水平的提高会令其更幸福，不过，一旦收入足以提

---

① 见 http://www.givingwhatwecan.org/about-us/history/profile-of-founder（2/20/14）。

供个人生活所需和一定程度的经济保障，那么收入水平的进一步提高对于幸福的影响则大大降低，甚至完全没有影响。其他的因素（尤其是良好的人际关系）则会产生更大影响。一项研究通过计量得出，对于处于社会中等收入水平的单身人群来说，找到一个家庭伴侣会极大地提升其幸福度，相当于收入水平提高了 7.67 倍。[①]

有两组研究者在美国人中做抽样调查，以评估低收入人群的幸福指数。在一项研究中，受访者被要求估算，那些生活支出低于一年 2 万美元的人，处于负面情绪中的时间有多长。另一项研究则调查人们对收入在 5.5 万美元以下的人群是否具有幸福感的看法。对于要求样本人群来评估的上述问题，这两项研究都有相关数据可作为答案。前一项研究发现，人们"严重夸大"了负面情绪主导的时长，而后一项研究则发现人们"大大低估"了低收入人群可能达到的快乐程度。[②]

---

① 参见 Richard Ball and Kateryna Chernova, "Absolute Income, Relative Income, and Happiness," *Social Indicators Research* 88（2008）: 497–529。这条文献以及后文中的其他几条文献均见于 Andreas Mogensen, "Giving Without Sacrifice: The relationship between income, happiness, and giving," http:// www.givingwhatwecan.org/sites/givingwhatwecan.org/files/attachments/giving- without-sacrifice.pdf. 想要对该题目的整个讨论有所了解的读者肯定会从摩根森对相关文献的出色概述中获益良多，我在撰写这个部分的时候正是如此。

② 参见 Lara Aknin, Michael Norton, and Elizabeth Dunn, "From wealth to well- being? Money matters, but less than people think," *Journal of Positive Psychology* 4（2009）: 523–527; Daniel Kahneman, Alan Krueger, David Schkade, Norbert Schwarz, and Arthur Stone, "Would You Be Happier If You Were Richer? A Focusing Illusion," *Science* 312（2006）: 1908-1910。

我们将金钱想象为对于好生活而言至关重要的东西，这可能是因为我们需要钱去购买日用品，购物已经成瘾，而这种购物瘾更诱使我们远离那些真正推进好生活的东西。一项对于洛杉矶 32 个家庭的深度研究发现，其中四分之三的家庭无法将车停到自家的车库中，因为里面堆满了东西。他们拥有的物品如此之多，以至于单是加以整理都会提高主妇们的压力荷尔蒙水平。[1] 虽然典型的美国家庭规模的扩大意味着今天美国人的人均空间是 1950 年的三倍，但是他们每年仍会花费 220 亿美元用于租赁额外的存储空间。[2] 有了这么多东西，人们变得更开心了吗？格兰汉姆·希尔（Graham Hill）很清楚凡事都有两面。在卖掉一家互联网咨询公司后，他买了一幢占地 3600 平方英尺的四层楼房子，里面装满了最新的日用品。但他的快乐是短暂的，很快就对自己拥有的一切感到麻木，并发现生活变得太过复杂。现在，他住在 420 平方英尺的公寓中，只有最少的日用品，但是远比以前更为热爱自己的生活。[3]

将薪水用于购买更多东西，这不会让我们更幸福，但事实表明，将薪水用于帮助他人，确实会令我们感到更幸福。在一项实验中，伊丽莎白·邓恩（Elizabeth Dunn）、劳拉·艾克宁（Lara Aknin）

---

[1] 参见 Jeanne Arnold, Anthony Graesch, Enzo Raggazini, and Elinor Ochs, *Life at Home in the 21st Century: 32 Families Open Their Doors* (Los Angeles: Cotsen Institute of Archaeology Press, 2012)。

[2] 参见 Graham Hill, "Living with Less, A Lot Less," *New York Times*, March 9, 2013。

[3] 同上。

和麦克·诺顿（Michael Norton）在一项实验中给被试者提供一笔钱，让其中的一半人将钱花在自己身上，让另一半人为别人买一件礼物或是将钱捐给慈善机构。一天下来，那些为他人花钱的被试者比那些将钱花在自己身上的人感到更加快乐。[①] 这一结果与盖洛普调查（Gallup survey）得出的数据相吻合。136个国家的受访者被问到，"你上个月给慈善机构捐钱了吗？"他们同时也被要求给自己的快乐程度打分，10分为满分。在其中的122个国家里，前一个月向慈善机构捐款的行为同较高的快乐水平之间的联系呈正相关。捐款的人与没捐款的人之间快乐水平的差距，类似于将收入增加一倍所产生的效果。[②]

这项调查所表明的是相关性，而非因果性，而因果性似乎是同时在两个层面上起作用的，因为快乐的人更可能馈赠以帮助他人。[③] 这一观察令艾克宁、迪恩和诺顿提出了以下问题：回忆一个捐款帮助他人的行为会不会导致幸福水平的提升？而这一增长会不会反过来提高人们在短期内进行捐款的可能性？几位研究者表明，这二者

---

① 参见 Elizabeth Dunn, Lara Aknin, and Michael Norton, "Spending Money on Others Promotes Happiness," *Science* 319（2008）:1687–1688。

② 参见 Lara Aknin, Christopher Barrington-Leigh, Elizabeth Dunn, et al., "Prosocial Spending and Well-Being: Cross-Cultural Evidence for a Psychological Universal," National Bureau of Economic Research Working Paper 16415, Cambridge, Mass., 2010。

③ 参见 A. M. Isen, "Success, Failure, Attention and Reaction to Others: The Warm Glow of Success," *Journal of Personality and Social Psychology* 15(1970): 294–301; A. M. Isen and P. F. Levin, "Effect of Feeling Good on Helping: Cookies and Kindness," *Journal of Personality and Social Psychology* 21（1972）: 384–388。

之间存在互相促进的关系，形成了一个积极的正反馈回路，这使得人们更愿意为他人花费金钱，而自己也获得了更大的幸福。他们写道，自己的发现可能"对那些试图避免快乐踏板效应的个体来说具有某些意义"，并且提供了"一条通往持久幸福的道路"。①

许多人同意，金钱不能买到幸福；他们也因此同意，对于那些生活在富裕国家、收入水平处于或高于平均水平的人们来说，捐款带来的益处超过了所损失的消费能力。但是捐出器官又怎么说呢？做手术，经过一定的时间恢复，并接受从长远看来一定程度的健康风险，而这些都是为了一个完全陌生的人——即使风险很低，这不依然是一种牺牲吗？事实又一次表明，这不是牺牲。在一项研究中，七位匿名的器官捐献者（其中六位捐献了肾脏，一位捐出了肝脏的一部分）在捐献三个月后接受了访问。他们中间有三位见到了器官接收者，并认为这次经历令人感到满足。另外四位则选择不透露身份，但他们都说对自己的所作所为感到开心。没有任何人遇到心理方面的问题。据研究者称，"测试评分为1—10分，其中10分为最优，对于整个捐献过程中的体验评分为平均分9.8分，而想要再做一次捐献的平均分数则是10分。"② 苏·拉比特·罗夫（Sue Rabiit Roff）

---

① 参见 Lara Aknin, Elizabeth Dunn, and Michael Norton, "Happiness Runs in a Circular Motion: Evidence for a Positive Feedback Loop between Prosocial Spending and Happiness," *Journal of Happiness Studies*13（2012）: 347–355。

② 参见 M. D. Jendrisak et al., "Altruistic Living Donors: Evaluation for Nondirected Kidney and Liver Donation," *American Journal of Transplantation* 6（2006）: 115–120。所谓"想要再捐一次"大概是一种假设的说法，至少对于肾脏捐献者来说是这样。

是英国非亲属活体器官移植管理委员会（Unrelated Live Transplant Regulatory Authority）的外界理事。他说："从土耳其到苏格兰，每项关于活体肾脏捐赠的研究都表明，捐献者的自尊有所提升。"[1] 如果有很多肾脏捐献者不得不去应对因捐献而生的严重的健康问题，那么自尊的提升可能就抵不过健康方面的负面后果，不过幸运的是，这种健康问题非常少见。[2]

自尊是幸福的一个重要构成部分。[3] 加拿大哲学家理查德·柯深（Richard Keshen）发展了一个"合理自尊"（reasonable self-esteem）的概念，它极好地契合了实效利他主义者的心理倾向（因为我们已经看到，很多实效利他主义者更加依赖于推理能力而非情感）。柯深的出发点是"有理性的人"这一概念，即认为一个人的根本承诺是要具有合理的信念，无论是关于世界、关于其自身利益所在还是关于他应当做出的行动。[4] 一个有理性的人试图保持那些

---

① 参见 Sue Rabbitt Roff, "Self-Interest, Self-Abnegation and Self-Esteem: Towards a New Moral Economy of Non-directed Kidney Donation," *Journal of Medical Ethics* 33（2007）: 437–441。

② 例如，参见 M. Garcia, L. Andrade, and M. Carvalho, "Living Kidney Donors—A Prospective Study of Life Before and After Donation," *Clinical Transplantation* 27（2013）: 9–14。

③ 参见 Roy Baumeister, Jennifer Campbell, Joachim Krueger, and Kathleen Vohs, "Does High Self-Esteem Cause Better Performance, Interpersonal Success, Happiness, or Healthier Lifestyles?," *Psychological Science in the Public Interest* 4:1（2003）: 1–44; Helen Cheng and Adrian Furnham, "Personality, Self-Esteem, and Demographic Predictions of Happiness and Depression," *Personality and Individual Differences* 34:6（2003）: 921–942。

④ 参见 Richard Keshen, *Reasonable Self-Esteem*（Montreal: McGill-Queens University Press, 1996）, 7。

合乎相关事实和价值的信念，而这些价值不会招致他人的合理批判。柯深的概念可以说是托马斯·斯坎伦（Thomas Scanlon）的"合理的伦理决定"（sound ethical decisions）观点的先声，后者认为这些决定是其他人无法合理予以拒绝的。[①] 诚然，上述观点都没有说明哪些价值是合理的，但最低限度的合理的价值，就是那些不会被偏见所影响，因而在他人那里能够得到捍卫的价值。作为一个有理性的人，就是成为漫长的思想者传统中的一员，这个传统可回溯至亚里士多德，他借重理性和论证，而不是权威或信仰。对理性的人来说，自尊必须建立在事实证据与合理价值的基础之上。

在柯深看来，有理性之人的伦理生活的中心在于承认他人与我们自己是相似的，并且出于这个原因，他人的生命和幸福在某种意义上与我们自己的生命和幸福一样重要。因此，有理性的人不可能在拥有自尊的同时却无视他人的利益，而后者的幸福被认为具有同等的重要性。自尊最坚实的基础就在于过一种伦理的生活，也就是说，一种能够令人最大限度地促进世界进步的生活。所以，这样做并不是某种意义上的利他主义（使得一个人放弃自己更加向往的行动），也不会导致异化或者完整性的丧失——就像伯纳德·威廉斯所主张的那样。相反，它体现了个人完整性的核心特征。当动物运动的先驱者亨利·斯比拉（我们在第五章提到过他）知道自己的时

---

① 参见 T. M. Scanlon, *What We Owe to Each Other* (Cambridge: Harvard University Press, 1998)。

日不多时，他告诉我："当我离开的时候，我想回顾自己走过的路并且说：'我让这个世界变成一个对他人来说更美好的所在。'不过，这并非某种义务，而是我想要做的事。当我这样做而且做得好的时候，我的感觉最好。"①

如果，就像我已经论证的，实效利他主义者并不是在做出牺牲，那他们是否仍然值得被看成是利他主义者？利他主义的概念总是与关心他人这一理念有关，但是在此之外，对它还有不同的理解。其中一些解释意味着，为了服务他人，就要完全否定个人的利益。按照这种说法，如果一个富人听从耶稣的话，变卖所有财产并将所得捐给穷人，那么他依然不能算是一名利他主义者，因为他这么做是为了获得不朽的生命。与此类似的，按照佛教徒的观点，帮助他人和保护生命同时也会提高个人的幸福感。如果一个人能够通过有德行的生活和冥想而开悟，那他就能超越本我，洞悉一切有感受力的个体的苦难与快乐。超越之前的那种要求（即满足那些看起来特别重要的欲望）不会导致任何丧失，而满足这些欲望也不会带来快乐，因为开悟要求我们与自身的欲望保持距离。②

我们不需要将自我牺牲视作利他主义的一个必要因素。我们之所以将某些人看成是利他主义者，是因为他们所秉承的旨趣，而

① 参见 Peter Singer, *Ethics into Action: Henry Spira and the Animal Rights Movement*(Lanham, Md.: Rowman and Littlefield, 1998）, 197。

② 相关讨论参见 Shih Chao-hwieh, *Buddhist Normative Ethics* (Taoyuan, Taiwan: Dharma-Dhatu Publication, 2014）, 98–110。

不是因为他们在牺牲自己的利益。有一个关于17世纪哲学家托马斯·霍布斯（Thomas Hobbes）的故事说明了这一点。霍布斯以利己主义作为哲学的基础，并因此一辈子都臭名昭著——因为利己主义认为人们总是为了自身的利益而行动。一天，当霍布斯在伦敦城里步行的时候，他向一名乞丐施舍了一些财物。一位同伴立刻指责他是在否定自己的理论。对此，霍布斯答道，看到乞丐因此而开心，他自己也感到高兴，因此他的赠予和利己主义立场是一致的。但是我们可以想象一下，如果霍布斯整日如此、天天如此，而且还积极地寻找需要帮助的人并提供援助，以至于他自己的财产逐渐减少，而他为了能捐出更多的钱物而生活得更加简朴。对此，他仍然说自己最大的快乐就源自看到人们变得更加幸福快乐，以此来解释自己的行为。

　　这样一个想象出来的霍布斯是利己主义者吗？如果是，那么他关于"我们都是利己主义者"的论断就变得没什么说服力。基于对利己主义的这一理解，利己主义与利他主义之间这个表面上的二分就不再重要。而真正重要的则是人们对他人利益的关心。如果我们想要鼓励人们行最大的善，那就不应该把焦点放在以下方面，即他们是否在做出牺牲，也就是说，是否在做削弱其幸福的事。相反，我们应该关注的是，令他们感到幸福的事情是否也同时促进了他人的幸福。如果我们愿意，我们就能用这种方式重新定义利己主义和利他主义，从而使其得以表明，人们的利益是否包含了对于他人的某种强烈的关心——如果答案是肯定的，那么我们就称其为利他主义者，无论出于对他人的关心所做的行动会不会影响到这位"利他主义者"的利益得失。

第四部分

选择慈善事业
和慈善组织

10

本国的还是全球的？

试图行最大的善，就意味着要做出困难的判断——不仅判断哪些慈善机构是最富成效的，也要判断在多大范围内我们提供的资源能够产生最大的善。迄今为止，我都是以帮助世界上最贫困的人作为例子，来说明什么是最具实效的慈善事业，但这真的就是最富实效的吗？致力于禁止折磨动物呢？减少对气候的危害呢？拯救濒危动物、使之免于灭绝呢？还有，努力降低毁灭人类的风险，由此拯救我们自身，这是不是更富实效的事业呢？

慈善领域作为一个整体，极不情愿对这些问题加以比较。这可能是因为寻求答案不仅涉及那些难以确立的事实问题，而且也关系到有争议的价值判断。如果我们假定，尝试去回答这些问题完全没有意义，而且所有的慈善事业都差不多，那就会犯一个常见的错误，而这个错误会导致非常严重的后果，即错失机会，无法产生更大的善。有一个颇具影响力的大型慈善机构就犯过这个错误，这就是洛克菲勒慈善顾问机构（Rockefeller Philanthropy Advisors）。我们之所以将该机构作为错误的范例，并非因为它做得不如其他慈善机构，而是因为它是全世界最大的慈善服务组织之一。它宣称劝捐的金额已超过 30 亿美元，而且每年还会增加 2000 万美元的劝捐金额。

洛克菲勒慈善顾问机构网站上有一系列名为"你的慈善路线图"（Your Philanthropy Roadmap）的互动页面。该系列旨在帮助捐款人建立"经过深思熟虑的、富有实效的捐赠计划"。其中一个页面叫作"找到你的慈善关注点"（Finding Your Focus in Philanthropy），内有一张表格，显示了多个可捐赠的领域，诸如健康与安全、教育、艺术、文化和遗产、人类与人权、经济安全和环境等等。[①]

奇怪的是，这些条目并未包括动物福祉，尽管我们将在本书第十三章看到，该领域提供了机会，令人们得以用较少的花费来大幅度地减轻苦难。动物福祉不属于"环境"这一条目，因为人类施加于动物的苦难大多发生在工业化农场、实验室、小磨坊、动物园和马戏团。虽然这些地方（尤其是工业化农场）确实会对环境产生负面影响，但这与对动物造成苦难并不是一回事。

洛克菲勒慈善顾问机构划分慈善领域的方式也未能表明，富裕国家的意向捐款人必须做出选择：是向以国内为活动范围的组织捐款？还是向超越国别的组织捐款？该选择决定了其捐款的受益者是谁——是那些占全世界人口 1/3 的富裕的人？还是另外那部分境况差得多的人？在洛克菲勒慈善顾问机构的名单上，为了减少全球贫

---

① 相关网站参见：Rockefeller Philanthropy Advisors, *Finding Your Focus in Philanthropy*, http://www.rockpa.org/document.doc?id=165, last visited May 2, 2014。

困而捐款压根儿就不算作一个独立的捐助类别——这也有可能是因为它被分在健康与安全、经济保障、环境等类别之中，但我们依然有理由认为，决定是否为健康或经济保障捐款，其重要性低于下面这个决定：是该向美国本地的项目捐款？还是该向世界上最贫困国家的资助项目捐款？

在该页面所描述的众多慈善项目当中，有一个项目致力于促进全球贫困人群的健康保障，另一个项目则致力于提高美国的健康保障：

※　1998 年，特德·特纳（Ted Turner）向联合国捐款 1 亿美元（占其个人财产的 1/3）以改进那些已取得成效的健康保障项目，这些项目致力于对抗世界范围内造成死亡人数最高的致命疾病，后者在发展中国家已导致大量儿童死亡。

这一倡议取得了极大的成功，吸引并调配了来自其他非营利组织（如盖茨基金会 [Gates Foundation]）的资金。从 2000 年起，11 亿儿童接种了防治麻疹和风疹的混合疫苗。该疫苗在世界儿童中的普及率达到 84%。在 2000 年到 2012 年间，世界范围内麻疹致死率下降了 78%，拯救了 1380 万人的生命。[①] 据估计，这种疫苗的平

---

① 详见疾病防控中心："Eliminating Measles, Rubella, and Congenital Rubella Syndrome（CRS）Worldwide," http://www.cdc.gov/globalhealth/measles/, last updated January 27, 2014。

均成本是 1 美元。如果这个数字是准确的，那么拯救一条生命的成本就低于 80 美元。[1]

※ 1986 年，露西尔·帕卡德（Lucile Packard）为了在加州帕洛阿尔托建立一座医院而捐款 4 亿美元，并建立了一个基金会以提供进一步的支持。

露西尔·帕卡德儿童医院由于成功地完成高难度的连体双胞胎分离手术而受到新闻界关注。比如，在 2007 年，该医院分离了一对来自哥斯达黎加的共用一个肝脏的连体女孩。手术持续了 9 小时，涉及 22 名医务人员，据估计其花费在 100 万～200 万美元。其中一个女孩之后由于患有先天性心脏疾病而需要进行心内直视手术，而另一个女孩也需要进行手术以重建她的胸腔。两位双胞胎之后还需要进行其他手术。露西尔·帕卡德儿童医院支付了这些手术的费用，医生献出了他们的时间，而她们的家庭来到美国并短期驻留（至双胞胎身体恢复到足以返回哥斯达黎加，共计六个月）的花费由国际儿童康复会（Mending Kids International）这一慈善机构支付。

在 2012 年，帕洛阿尔托被 CNN 评为全美第三富裕的城镇，家

---

[1] 据说这是整个项目的成本。即使该数字是准确的，这既不意味着为世界上其他 16% 的儿童接种疫苗的成本也一样低，也不意味着拯救这些生命将会投入与此前相同的成本。很有可能的是，之前所取得的成效是最容易获得的成果，而拯救其余的儿童则需要更高的成本投入，也有可能他们感染麻疹的风险会较此前更低，这也意味着避免每一起死亡病例所投入的成本会更高。

庭收入的平均值是 16.3661 万美元。①

洛克菲勒慈善顾问机构在描述这两个项目时并未提及一点：在美国，一家重症监护医院拯救一个孩子生命的成本通常会高出发展中国家同类情况的数千倍。如此巨大的差距并不仅仅存在于分离连体双胞胎这样的罕见案例。在美国，新生儿的重症监护每天花费约3500 美元，而长期监护花费超过 100 万美元的情况也并不少见。②我们似乎不难做出判断，认为更好的做法是用 100 万美元来拯救数百个孩子，使其免于因麻疹而丧命，而不是用来分离一对连体双胞胎或者挽救一个早产儿。③毫无疑问，政府当然有责任优先照顾自己的公民，但个人没有这样的责任。

托比·欧德还举了另一个例子，以说明帮助富裕国家人民和帮助其他地区人民之间的成本差别。在富裕国家，你可能收到过慈善机构的捐款请求，该款项用于为盲人配备导盲犬。这听起来是一项值得支持的工作——除非你考虑到成本，考虑到其他那些可以捐助的项目。在美国，给一个人配备一只导盲犬需要花费 4 万美元，大

---

① 参见 http://money.cnn.com/gallery/real_estate/2012/08/20/best-places-top-earning-towns.moneymag/3.html.

② 参见 Jonathan Muraskas and Kayhan Parsi, "The Cost of Saving the Tiniest Lives: NICUs Versus Prevention," *Virtual Mentor* 10（2008）: 655-658, http://virtualmentor. ama-assn.org/2008/10/pfor1-0810.html.

③ 不可否认，伦理学领域中的任何一项主张几乎都会遭到拒斥。在这个问题上，提出拒绝的是陶勒克，参见：John Taurek, "Should the Numbers Count?," *Philosophy and Public Affairs* 6（1977）:293-316; 但是帕菲特表明陶勒克的论证是站不住脚的，参见：Derek Parfit, "Innumerate Ethics," *Philosophy and Public Affairs* 7（1978）: 285—301.

部分开销用于训练和接收导盲犬。但预防一个人因沙眼而导致失明的花费（预防沙眼是预防失明的最常见方式）在 20～100 美元之间。如果你算算，你就会发现我们面临的选择是这样的：我们是应该给一个人提供导盲犬呢？还是应该采取预防措施以使发展中国家的 400～2000 人免于失明？ ①

当我向美国民众建议，我们应该帮助世界上最贫困的人们，一个特别常见的反应是：我们应该首先帮助自己国家的穷人。然而，美国的贫穷与发展中国家的贫穷完全是两回事。事实上，这两者之间的差别非常巨大，即使是那些认为救助自己的同胞具有某种程度的优先性的人，如果充分地意识到这个差别，他们也会重新考虑，如此轻视其他国家人民的生命和利益是不是正确的。2012 年美国政

---

① 这个比较来自欧德，参见：Toby Ord, "The Moral Imperative Towards Cost- Effectiveness," http://www.givingwhatwecan.org/sites/givingwhatwecan.org/files/ attachments/ moral_imperative.pdf。欧德提出的预防失明的金额为 20 美元，我则更为保守一些。关于欧德对提供导盲犬的成本评估，他自己有如下解释："全美导盲犬组织"对于培训一只导盲犬的资金花费估算为 1.9 万美元。如果将培训相关人员接收和使用导盲犬的花费包含在内的话，相关成本则要翻倍至 3.8 万美元。其他的导盲犬培训机构也提供了近似的数字，比如，"导盲犬"（Seeing Eye）认为每人／每犬 的花费总额为 5 万美元，而 "为盲人导航"（Guiding Eyes for the Blind）的评估结果为 4 万美元。欧德有关通过防治沙眼来防治失明的成本数据则来自于：Joseph Cook et al., "Loss of Vision and Hearing," in Dean Jamison et al., eds., *Disease Control Priorities in Developing Countries*, 2d ed.（Oxford: Oxford University Press, 2006），954. 库克等人提供的成本数据是每台手术花费 7.14 美元，治愈率为 77%。感谢霍洛斯基金会（Fred Hollows Foundation）的布莱恩·杜兰与我讨论该机构的声明，即可以用 25 美元的花费来保护眼睛。"善捐"提供的数字是 100 美元，这笔钱是手术开销——用于防治有 1～30 年病史的失明病例，以及防治有 1～30 年病史的视力受损病例。不过需要注意的是，这些数据的来源不够清楚，因此不足以令我们对其效果抱有很大的信心。

府公布的家庭（四口人）贫困线是 23850 美元。[①] 算下来，就是一个人收入 5963 美元，或每人每天收入 16.34 美元。这个数字不算高，但还是远远高于世界银行公布的每天收入 1.25 美元的"极端贫困"线。这个数字是按照 2005 年的美元价值计算的，相当于 2014 年的 1.53 美元，划定这一标准是为了标示出一个人能够满足其基本生存需要的最低金额。按照这个界定，全球有超过 10 亿人口处于极度贫困，而几乎所有这些人都生活在发展中国家。你可能会认为这个数字有误导性，因为相对贫困国家的金钱具有更大的购买力，但是这个因素已经被考虑在内。世界银行给出的数字是按"购买力平价"（purchasing power parity）来计算的——换句话说，这一数字意味着，一个人在其生活的国家里，用当地货币所能买到的食物和其他必需品，与一个人 2014 年在美国用 1.53 美元所能买到的东西一样多。[②] 如果有任何美国的合法居民生活在世界银行的极端贫困线以下，那么他们肯定失去了自己有权获得的帮助，因为营养补充援助计划（Supplemental Nutritional Assistance Program，之前被称为"食品救济券"），平均为每人提供每月 125 美元的援助，相当于每天 4 美元。[③] 在 2014 年，大约 4700 万相对贫困的美国人参与了这一计划。

---

① 相关数据来自：Office of the Assistant Secretary for Planning and Evaluation, "2014 Poverty Guidelines," http://aspe.hhs.gov/poverty/14poverty.cfm。

② 关于该数字是如何计算得出的，参见 http://www.in2013dollars.com/，并使用了美国劳工统计局颁布的消费价格指数。

③ 参见 http://www.fns.usda.gov/pd/supplemental-nutrition-assistance-program-snap；链接到 "Monthly Data—National Level: FY 2011 Through Latest Available Month."

所有贫困的美国人都享有安全饮用水、子女的免费教育、通过医疗补助而获得的免费医保，以及（多数情况下）公共补贴住房。如果他们患了重病，他们可以使用医院的急救室，而且按法律规定，无论他们是否有医疗保险，医院都有义务治疗他们，直到可以安全出院。成千上万的发展中国家人口则没有上述待遇和保障。

所谓美国的穷人生活困难，是相对于该国绝大多数人而言，而按照历史标准来看，美国社会是极其富裕的。另外，我们说发展中国家的极端贫困人口生活困难，则是按照绝对标准来看的，也就是说，他们无法满足自身的基本需求。在美国，根据官方的定义，所谓食品保障就是指"所有人在任何时候都有足够的食物去过一种积极健康的生活"。[1] 因此，如果有一位家庭成员在任何时候都无法获得可满足上述标准的食物，该家庭就会被认为是缺乏食物保障的。[2] 比如说，如果家里的成年人使用营养补充援助计划发放的补助购买低糖苏打饮料（这完全是合法的），或是以低价售出救济券、兑换现金去购买药物或者酒精饮料（这是非法的，但确实会发生），这都会导致一个家庭无法获得食物保障。在美国，如果负责儿童福利事务的官员发现有孩子出现严重的营养不良，他们就会照管孩子，以确保后者能够获得足够的营养。在发展中

---

① 参见 United States Department of Agriculture, Economic Research Service, *Food Security in the U.S.*, http://www.ers.usda.gov/topics/food-nutrition-assistance/food- security-in-the-us.aspx#.U2eAh_mSySo。

② 参见 Holden Karnofsky, "Hunger Here v Hunger There," November 26, 2009, http://blog.givewell.org/2009/11/26/hunger-here-vs-hunger-there/。

国家，贫困家庭可能长期缺乏食物，而他们的孩子可能因营养不良或营养低下而导致永久性的发育不良。贫穷的妇女通常需要步行三个小时才能到溪边汲水，然后为了能够喝上安全的饮用水而需要花费更多的时间拾柴生火烧水。如果孩子得了疟疾，父母可能无法为他们提供任何医疗救助。贫穷的父母不得不看着自己的孩子死于很容易治愈的疾病。

我并不是要否认美国人关注本国的贫困。其他富裕国家的社会福利其实比美国更加完善，因此这些国家的穷困人口（按绝对价值计算）一般来说比美国的穷人生活得更好。但是这些国家依然有需要改进的地方。我并不怀疑，在一个富裕的国家里，穷人的生活格外艰难并时常失去尊严。我只是想强调，在美国的穷人和被世界银行界定为极端贫困国家的穷人之间，存在着巨大的鸿沟。对于实效利他主义者来说，这一鸿沟所导致的最重要结果在于，如果他们的捐款被用于援助那些非富裕国家的穷人，就会产生更大的用处。在健康保障领域的援助中，我们已经看到了这一点。从我之前提到的收入数据中，很容易看出，这也适用于其他方面，包括直接的现金援助。如果一个四口之家挣扎在极端贫困线上，其年收入的购买力相当于2234美元。慈善组织"直接捐赠"为非洲的极端贫困家庭提供1000美元的一次性现金补助。如果这些家庭处于或者接近极端贫困线，那么这就相当于给他们至少6个月的收入；如果他们完全低于极端贫困线，那就可能相当于他们一年的收入。他们可以用这笔钱的一部分去购买瓦楞铁，以替换漏水的茅草屋顶，这可以保护家人和财产免遭雨淋，而且也能省下每年更换茅草的费用。他们可以用剩下的钱做点小生意，或者哪怕只是多买些食物让家里人吃得好点儿。而如果向美国的贫困家庭捐款1000美元，可能只是相当于他们一个月的收入。如果他们住在公租房里并使用食品救济券，那就不需要用这笔钱来购买食品或寻找住处。另一方面，如果他们挨饿是因为没有妥善使用救济券（即购买基本食物），那么我们就需要确知，他们会不会妥善地使用这1000美元的现金。出于上述原因，1000美元捐款能给美国贫困家庭带来的好处不大可能与同等数目的现金所能为非洲的贫困家庭带来的益处相提并论。[1]因此，无论我们是更愿意提供现金、食物还是健康保障方面的干预和援助，如果我们是向帮助贫困国家的极端贫困人口的慈善机构捐款，就会产生更大的善。

如果你向不同的慈善机构捐款，就会得到不同的结果，罗伯特·威布林（Robert Wiblin）将这之间的差别称为"利他主义套利"（altruistic arbitrage）。在商业领域，如果两个相同的产品在不同的市场以不同的价格出售，而从低价市场向高价市场运输产品的成本低于价格差别，就会有人在低价市场买入，然后在高价市场卖出。人们将这种行为称作套利，而套利会逐渐消除这种价格差别。

如果慈善领域同商业领域相似，那么，只要有机会用远低于大

---

[1]"善捐"对于现金援助的益处做过评估，参见 "Cash Transfers in the Developing World," http://www.givewell.org/international/techni- cal/programs/cash-transfers。

多数人行善成本的投入来做善事，慈善家们就会迅速涌入，而该机会就会迅速消失。但是慈善事业对实效的重视，并不像金融业对于利润那样重视。某些慈善事业不如其他事业受欢迎，于是就可能遭到忽视。这就解释了为什么每捐出一美元来帮助贫困国家的贫困人口，所产生的善就可能远远大于用同样的金额去援助富裕国家的贫困人口。富裕国家的富裕人口，或通过他们的政府，或通过国内慈善机构，已经在为贫穷的同胞提供帮助——这些帮助或许尚不足以令后者脱离贫困，但也可以说是足够好了，这样的话，为一个贫穷的美国人的生活带来持续而积极的改善所需要的成本，就远远高于为某个根据全球标准而处于贫困的人的生活带来类似改变所需的成本。威布林对此给出了以下建议："将目光集中于那些你关心而绝大多数人并不关心的群体，充分利用那些其他人由于偏见而反对采用的策略。"①

---

① 参见 http://robertwiblin.com/2012/04/06/the-principle-of-altruistic-arbitrage/#comment-1450。

11

是否某些捐助领域客观上更有价值？

让我们回到洛克菲勒慈善顾问机构的页面"找到你的慈善关注点"。在列出了我们上一章所讨论的各个条目之后，该页面问道："最迫切的事情是什么？"答案是："对于这个问题，没有客观的答案。"没有答案是因为问错了问题，但即使是问对了问题，答案也会是错的。

"最迫切的事情是什么？"不是正确的问题，因为准备捐助的人应该问："在什么地方我可以行最大的善？"想想我自己的处境。在1972～1973年，我讨论过两个不同的捐助方向：在《饥荒、富裕和道德》一文中，我写的是全球贫困，而在《动物解放》中写的是如何对待动物。[①] 当时并非只有这两个问题需要解决——越南战争还在继续，美苏之间爆发核战争的可能性仍在。我当时已经是素食者，参与过反战游行，并向乐施会捐款。我应该把自己的时间、精力和所有能力投入到哪个领域中呢？回答这个问题时，我并未考虑哪个问题更迫切（也就是说，哪个问题最需要我们付诸行动）。甚

---

① 参见 *New York Review of Books*, April 5, 1973。

至也没有考虑哪个问题最重要，而是考虑，在哪个领域我可以引起最大的改变。当时我认为应该是动物苦难，因为虽然有许多能力出众的人已经在为全球贫困、越南战争和裁减核武器而极力奔走以及撰写文章，但是几乎还没有有识之士呼吁人们来彻底地改变动物的道德地位。当时有过一场动物福利运动，但那场运动主要关心的是遭受虐待的狗、猫和马，农场动物只得到了极少的关注，而大多数由人类引起的苦难至今仍在动物身上发生。

当前一个相似的情境是在环境问题与疟疾之间做比较。相关领域中的绝大多数科学家告诉我们，我们迫切需要达成有关温室气体减排的国际协定。但是已经有许多政府和组织在为此努力。而私人捐款者则很难确信自己的行动能否更有利于此协议的达成。与此相反，为保护孩子免受疟疾而分发蚊帐，至少从全球角度来说，并没有那么迫切，但是个人更容易在分发蚊帐的数量方面引起改变。所以我们应该问的不是什么是最迫切的，而是在哪里我能产生最大的积极影响。这里指的并不是当下，或这个月或这一年所能产生的最大影响，而是在最长的时间里由我的行动所产生的可预见性后果。

如果我们问这样的问题，是否依然没有客观的答案呢？

假设你能找到 10 万美元去做慈善，你面临两个选择。一是，你家乡的艺术博物馆正在为兴建新的侧楼而筹措资金，这样就有空间来展示更多的藏品。另一个选择是，有组织希望你向他们捐款，以组织手术来帮助发展中国家受沙眼困扰的人恢复视力。我们现在来看看，根据你所预期的捐款所能产生的善，你该如何选择。假设新的博物馆侧楼将花费 5000 万美元，在其 50 年的预计使用时间内，每年将有 100 万人到此参观，总计会为博物馆增加 5000 万次访问次数。由于你的贡献占成本的 1/500，因此你可以宣称自己的行为提升了 10 万人次的审美体验。但是如果你向治愈失明的手术捐款呢？如果我们用上一章中提到的最保守的数字计算，比如说，恢复视力手术的平均成本是 100 美元，所以捐献 10 万美元可预期能够帮助发展中国家的 1000 名穷困人口恢复视力或预防视力下降。

因此，一边是，我们提升了 10 万名博物馆参观者的审美体验，另一边是，我们使得 1000 人免受 15 年失明生活的困扰，并避免了失明给那些没有社会保险的穷人带来的所有问题。失明的人可能无法工作，整个家庭由此可能失去收入，如果是女性带着需要照看的小孩子，最年长的女儿通常就不得不辍学去帮助母亲，因此就失去了受教育的机会。所以，现在的问题在于，对比这两个完全不同的结果，然后判断我们该选择哪一个。

直观上来说，我们可能会这么回答：避免 15 年的失明和无法欣赏艺术博物馆新侧楼之间的差别太大，以至于我们不需要通过列举数字来分析问题。不论在多大程度上提升博物馆的参观，其重要性都无法胜过保护某人的视力，以使他免于长年的失明。哈佛大学的哲学家托马斯·斯坎伦（Thomas Scanlon）捍卫了类似的观点，他邀请我们想象下面的场景：在直播足球比赛时，一个技术人员在电视台的信号发射室遇到意外，技术人员处于极大的痛苦之中，除非中断直播并因此而剥夺所有球迷观看比赛的快乐之外，无法解除这种痛苦。比赛还要进行一个小时。在斯坎伦看来，无论有多少球迷在看这场比赛都不重要，就算有 10 亿观众正在看比赛，我们也不应该试图计算球迷的快乐，并考虑这些快乐是否比技术员的痛苦更重要。用斯坎伦的话说，当我们面对那些"承受沉重负担"的人，多数人的较小的快乐总和毫无"值得辩护的分量"。①

直观上，这个答案听起来可能很有吸引力，而且并没有反对将款项捐给全球贫困人口，而不是博物馆，但是，很多实效利他主义者仍然会对下面这个观点感到不舒服，即在沉重的负担与大量的程度较小的伤害之间画一条泾渭分明的线，因为后者并不重要。② 幸运的是，对那些对此感到不舒服的人，还有另一种方法来捍卫同样的想法，认为我们应当用我们的钱来救治 1000 位失明 15 年的人，而不是去提升 10 万人的博物馆体验。

试想一下：假设你要在参观艺术博物馆（包括新落成的侧楼）和参观艺术博物馆但不参观新侧楼之间做出选择。你自然会更愿意参观新侧楼。但现在想象一下，一个邪恶的精灵不喜欢新侧楼，于是他在每 100 名参观者中随机选取一个人并令其遭受 15 年的失明。你还会参观新侧楼吗？如果你依然愿意参观，那你一定是疯了。即使邪恶精灵在 1000 人中只选一人令其失明，以我的判断（我预计

---

① 参见 Thomas Scanlon, *What We Owe to Each Other*（Cambridge: Harvard University Press, 1998），230, 235。

② 类似的怀疑可以在哲学上得到辩护。在这个问题上，对于斯坎伦的一个回应可参见 Derek Parfit, *On What Matters*（Oxford: Oxford University Press, 2011），2:193-212。

也是多数人的判断），冒着风险参观博物馆的新侧楼仍是不值得的。如果你也这么认为，那就意味着，你认为一个人失明所带来的伤害要超过1000人参观新侧楼所得到的益处。因此，使得一个人免于失明的捐款，与使得1000人能够参观博物馆新侧楼的捐款相比，前者就更有价值。但是在决定向哪里捐款时，你是在为博物馆的10万参观人数添砖加瓦与使1000人免于失明之间进行选择。这个比例是100∶1，不是1000∶1。如果你同意，不会拿自己去邪恶精灵那儿赌运气，即使每1000个人中他只让其中的一个人失明，那么你事实上就等于是同意，为了防治或者治愈失明而捐款，其价值至少10倍于捐款给博物馆。如果当精灵使得每1000人中的一个失明时，你还愿意参观博物馆，但是当他令每200人中的1人失明时你就不会参观博物馆，那么你其实就是含蓄地认为，为防治或治愈失明而捐款的价值是捐给博物馆的2倍。

像这样在极为不同的益处之间加以比较的方法，常被经济学家用来判断人们对特定事态的重视程度。这类方法容易遭到非议，因为许多人对于非常糟糕的事情可能发生的这种小概率风险似乎持有非理性的态度（这就是为什么我们需要立法来要求人们在乘车时要系好安全带）。另一个可用来考虑这一选择的方法在于，追问你愿意接受多少小时或者多少天的失明，来换取欣赏新侧楼的机会。15年就是5475天，所以除非你愿意为了参观新侧楼而失明5475天，否则你其实就是同意，为防治或治愈沙眼而捐款会比捐给博物馆产生更多的善。如果你不愿意为了参观新侧楼而失明哪怕5.475天，那么你的选择就暗示了，向防治沙眼慈善组织捐款的价值是捐给博物馆的 10 倍。（以上计算甚至都没有考虑以下事实：清楚自己在一定时间之后会重获光明，这会使失明变得更容易忍受）①

当我们在现实世界中做出选择，我们需要尽可能多的信息。关于新建博物馆侧楼所产生的益处，出于简化计算的考虑，我给出的数字做了调整，但它们并非不现实。1987 年，纽约大都会博物馆（Metropolitan Museum of Art in New York）花费 2600 万美元修建了莱拉·艾奇逊·华莱士侧楼（Lila Acheson Wallace Wing）来展示其现代艺术收藏，这笔钱相当于 2014 年的 5400 万美元。在 2014 年，大都会博物馆宣布将重建该侧楼，相关工程"可能从头开始"，之前修建的侧楼甚至没能像我在前面所举的例子中所估计的那样坚持 50 年。修建新侧楼的花费很可能远远超过 5000 万美元。"这么大规模的项目，"《纽约时报》评论道，"通常会花费上亿美元。"大都会博物馆每年吸引超过 600 万参观者，但是很少有人会参观每个展馆。而且由于现代艺术不是大都会博物馆的强项，因此我们可以合理地估计，每年的参观者人数在 100 万左右。（作为比较，当大都会博物馆于 2012 年开放以美国绘画、雕塑和装饰品为主要展品的新展室时，18 个月之后，参观者总人数才达到 100 万人次——大约是同期大都会博物馆参观总人数的 11%）纽约现代艺术博物馆（Museum of Modern Art in New York）的扩建和翻新工程于 2004 年完成，耗

---

① 感谢 S. 卡冈的提议，认为我们可以考虑暂时性失明的时间长短，而不是考虑失明的风险。

资 8 亿 5800 万美元，是我在上述例子中所假设的 17 倍。另一方面，每年有 300 万人次参观现代艺术博物馆，是我例子中所给数据的 3 倍。[1] 这使每人次的参观成本比我所举的例子中的成本要高出 5 倍。其余的不确定性则在于防治或治疗失明的成本，但是我所举例子的误差幅度足够大，因此完全可以得出结论：大都会博物馆和现代艺术博物馆的总花销以及用于扩建和翻新建筑的预算，如果用来帮助那些无法承担手术费用的人恢复或保持视力，会产生更大的善。我的意思并不是说，这些博物馆本该这么做。它们是为了不同的目标而建立的，用它们的经费来帮助全球穷困人口可能会违反其行为准则或法定义务，而且也可能由于违背捐款人的初衷而招致诉讼。（不过，博物馆或许可以这样来证明，为防治失明而捐款也是其使命的一部分——保护视力有助于使人们得以参观博物馆并欣赏其中展出的艺术品）然而，个人捐款者并不受任何既有行为准则的约束，也不对以往的捐助者负有任何义务。他们应该考虑的是，如何能让自

---

① 关于大都会博物馆，参见 Robin Pogrebin, "In the Met's Future, a Redesigned Modern Art Wing," *New York Times*, May19, 2014; 以及 Metropolitan Museum of Art, "Modern Art: Lila Acheson Wallace Wing," http://www.metmu- seum.org/about-the-museum/press-room/general-information/2005/modern- artbrlila-acheson-wallace-wing, 以及 "Metropolitan Museum Reaches One Million Visitors in 18 Months to New Galleries for American Paintings, Sculpture, and Decorative Arts," http://www.metmuseum.org/about-the-museum/press-room/ news/2013/american-wing-one-million-visitors. 关于现代艺术博物馆，参见 Carol Vogel, "MoMA to Gain Exhibition Space by Selling Adjacent Lot for \$125 Million," *New York Times*, January 3, 2007; Museum of Modern Art, Inside Out, June 28, 2011, https://www.moma.org/explore/inside_out/2011/06/28/counting-down-to-the-years-end- in-june。

己捐出的善款产生最大的善。我们现在看到，将善款捐给艺术博物馆，用于场馆的翻新或扩建，这不会产生最大的善。

洛克菲勒慈善顾问机构的主席兼首席执行官梅丽莎·伯曼（Melissa Berman）在回复我此前发表于《纽约时报》的批评时，为他们在宣传册上提出的捐助方式做出了辩护。[①]她的回复触及了艺术的重要性、个人对所要捐助的事业所持有的信念以及客观性的问题。关于艺术，她写道："艺术不只是一时的娱乐。艺术是我们分享文化、挑战思维与体验世界的方式。艺术是经济增长的引擎和学习的辅助手段。"当亚伦·摩尔将他的全部家当都放在艺术画廊里出售，他是在挑战我们思想中的一个重要问题，并且将所有筹到的资金都用来帮助穷人，所以他确实改变了世界，但是我们很难再举出其他有同样贡献的当代艺术家了。[②]杰夫·库恩斯（Jeff Koons）强调了艺术的社会维度所具有的重要性。"如果艺术没有指向社会层面，"他说，"那它就会变成纯粹的自我放纵，就像是没有爱的性。"这就提出了一个很明显的问题：库恩斯的艺术是否改变了社会？如果答案是肯定的，那么是以哪种方式改变了社会？

库恩斯是在一个访谈中做出了上述评论，就在同一个采访中，他还提到了名为"占边威士忌作品"（"Jim Beam"）的创作，该作品曾在一个叫作"奢侈与堕落"（*Luxury and Degradation*）的展览

---

① 参见 Melissa Berman, "In Charitable Giving, No 'Hierarchy of Goodness,'" Letter to the Editor, *New York Times*, August 19, 2014。

② 关于 Aaron Moore，见本书第三章。

上展出。据《纽约时报》称，该作品审视了"高速发展的 20 世纪 80 年代中存在的肤浅、纵欲与奢侈的危险"。这件作品被描述为"灌满波本威士忌的长达 9.5 英尺的不锈钢列车"。[1] 库恩斯说它"用奢侈的隐喻来界定阶级结构"，还补充说，它"反对"将人划分成高收入和低收入两个群体这一社会风潮。[2] 不幸的是，库恩斯的波本威士忌列车的命运见证了，无论创作者的目标如何，艺术界都有能力将艺术品消化吸收，再变成有钱人的消费品。当克里斯蒂拍卖行于 2014 年拍卖库恩斯的这件作品时，成交价是 3370 万美元。这一价格表明，这件作品所吸引的群体正好是它要反对的群体。[3] 事实上，该作品在现实中变成了它本来想要譬喻的事物：一件奢侈与堕落的物品。

艺术的确有助于学习，但是建立新博物馆可能并不是达到这一目标的最有效方式。我们还有其他机会来学习艺术，其效果远远胜过站在拦绳后面或通过防弹玻璃、挤在人群里远远瞥一眼那些价格不菲的画作。如果我们的目标真的是为公众提供有关艺术的教育，那么博物馆就更应该花费数千美元来购买高端仿制品，这样人们才能随心所欲地接近艺术作品。

---

① 参见 "An Auctioneer Comes Back to the Business", *New York Times*, April 10, 2014。

② 相关内容来自以下访谈：Giancarlo Politi and Helena Kontova, *Flash Art* 132（1987）。可以在以下网页找到：http://www.flashartonline.com/interno.php?pagina=articolo_det&id_art=348&det=ok&title=JEFF-KOONS。

③ 参见 Carol Vogel, "Asian Collectors Give Christie's a High-Yield Night," *New York Times*, May 14, 2014。

为了避免误解，我需要申明：创作和欣赏艺术品是有价值的。对许多人来说，素描、油画、雕塑、歌唱和弹奏乐器都是自我表达的重要形式，没有这些，他们的生活会变得更贫乏。在所有的文化中，在所有的情境下，人们都在创造艺术，即使基本的生存需求无法得到满足，他们也还是会创作。其他人则从欣赏艺术之中获得享受。在一个所有人都衣食无忧、享有基本医疗保障和充分的卫生设施、每个孩子都有学上的世界里，向博物馆和其他机构捐款并没有问题，因为后者会为所有希望欣赏艺术品的人提供亲眼看到原作的机会，并且（在我看来，更重要的是）为没有机会用这种方式来表达自己的人提供艺术创作的机会。可悲的是，我们并不生活在那样一个世界里，至少现在不是。

伯曼利用在洛克菲勒慈善顾问机构工作的机会来解释，为什么让有意向捐助的人按其"个人信念"来选择慈善机构是最好的方式。按照她的观察，这么做能使他们捐得更多，捐款行为也更持久如一。这话可能没错，但是如果为了说服人们出于行最大善的目的而捐款，所要付出的代价是人们捐款金额的减少，那这个代价仍有可能是值得的。为了判定是否如此，我们就不得不去比较，将一美元捐给最符合捐款人个人信念的慈善机构所行的善，与我们能说服捐款人向最佳慈善机构捐款一美元所行的善。就像我们已经看到的，有些慈善机构使用每一美元所行的善是其他机构的几百倍，甚至几千倍。捐款帮助人们恢复视力，而不是捐款培训导盲犬，这就是其中的一个例子。我称为戈比的那位世界银行雇员发现，甚至在世界银行已经通过审查并愿意给予资助的项目中，在避免意外生育这个问题上，为不同项目投入的花费之间居然存在 6 倍的差距。[①] 所以，即使捐款顾问试图劝说捐款人不要跟从他们自己关于应该把钱捐到何处的最初倾向的时候，他们会捐得更少，但是结果可能反而更好。比如说，一位捐款人可能只捐了一半的金额，但是该慈善机构使用每一美元所获得的行善效果达到了之前的 100 倍，那么，说服捐款人向更富实效的慈善机构捐款，这样所产生的善就是按其最初的个人信念而捐款的效果的 50 倍。

不仅如此，在某些情况下，让人们按照自己的信念捐款不但不能行善，反而有害。比如，在美国，人们会为了减税而向全国步枪协会的惠廷顿中心（National Rifle Association's Whittington Center）捐款。该慈善机构在其网站"为了自由而拥有武器"上被描述成"美国最精良的射击场所"，提供"多种服务，有一个猎枪射击中心、带指导的狩猎和不带指导的狩猎，以及为年轻枪手提供的冒险营"。[②] 如果试图说服捐款人不要向全国步枪协会捐款就意味着前者会完全停止捐款，那这就是一个积极的结果。即使该慈善机构并没有作恶，而只是产生了不多的善，但是，通过捐款减税这个事实则意味着，高收入人群因捐赠而减掉的 40% 的税需要其他纳税人来填平。这会导致政府某些部分的税收减少，而它们能用这笔钱做的事及其益

---

① 参见本书第 56 页。

② 参见 http://www.nrafff.com/ways-of-giving/tax-deductible-gifts.aspx, visited May 7, 2014。

处超过了这家慈善机构。

不管怎样，推动人们向客观上最优的慈善事业捐款是否明智，与某些事业在客观上是否优于其他事业，这是两个彼此分开的问题。前一个问题的答案取决于推动人们向客观上最优的慈善事业捐款所产生的后果。在权衡这些后果时，我们应该考虑到，捐款者所持有的唯一一个强烈的信念在于，他们想要用自己所能获得的资源来行最大的善。我们应该鼓励这种捐款的态度。如果告诉人们这一问题"显然没有客观答案"，这只会熄灭他们的热情，令其中止这一原本值得称赞的追问。

12

困难的比较

我已经论证"什么是最佳的行善方向？"这一问题其实具有客观的答案，但这并不意味着我们总是能够判定答案是什么。从我之前所举的治愈失明的例子开始，伯曼邀请我们比较各种不同的行善方向。"如果10万美元能帮助1000人免受失明的病痛，那么这是否优于用10万美元为饥肠辘辘的人提供食物？或用于救助受虐的动物？或保护女性免于强奸？或保持冰川不会融化？还是提供教育？住房？负责任的政府？对于这些问题，我们没有确切的答案，合理的影响力评估也无法给出答案，因为它只能让我们在具有相似目标的慈善项目之间进行比较，而无法告诉我们，最应该去改变谁的命运。确实艰难，但我们必须自己去回答每个问题。"在其中某些情况下，我们有方法去做出这种比较，尽管它们会导致深刻的哲学问题，并因此依然富有争议。而对于其他的目标来说，我们真的没有类似方法对之加以比较。

我们可以先来考虑伯曼提出的第一个例子，即：在花费10万美元防治失明和花费10万美元为饥饿的人提供食物之间要如何比较。伯曼让我们有理由假设，我们很确定10万美元可以治愈1000

个失明的人，但我们还需要知道，如果将 10 万美元用来给饥饿的人提供食物，可以拯救多少条生命。这取决于忍受饥饿的人们所处的具体情况，所以，假设我们可以用 10 万美元来使 500 人免于饥饿，这样一来他们就能拥有其所在地区的平均寿命。

现在，我们来对救治失明和拯救生命这两者做个比较。乍看之下，这种比较似乎是不可能的，但是在健康经济领域之内，有大量文献都是关于类似比较的，而且有些国家也使用健康经济学家所发展的方法来决定要如何配备医疗保健资源。比如说，在英国，国家卫生与保健研究所（National Institute for Health and Care Excellence，NICE）就使用这些方法来为负责国民医疗保健的官员们提供建议——哪些药物和治疗手段应该免费提供给英国居民，以使他们从中受益。在美国，政客不能在卫生保健的配额问题上发表自己的看法，与此相反，英国政府则开诚布公地讨论一个事实，即：不应该再去提供那些虽然有益但价值非常有限的治疗项目。为了得出这一结论，国家卫生与保健研究所对于每项治疗增加一个质量调整生存年数（QALY）所花费的成本进行了估算。为了理解这个观点，你可以想象自己患有某种严重的、无法治愈的疾病，或许会导致你卧床不起。假设你的寿命是 40 年。现在，有一位医生为你提供一项新的治疗方案，使你得以恢复健康。但这里有一个问题：新的治疗方案会缩短你的寿命。通常情况下，你问医生的第一个问题自然是："会缩短多久？"但医生在回答你的问题之前由于接听紧急电话而不得不暂时离开，于是留下你自己前思后想——为了恢复健康，你能接受缩短多少年的寿命？新的治疗方案会缩减 10 年寿命吗？为了能够离开病床，过 30 年的正常生活，这是值得的，所以你决定接受。如果它会缩减 30 年寿命呢？那还是算了！经过反复思量和比较那些你有明确答案的可能性，你最终达到了临界点，也就是无法确知自己是否要接受治疗的那一点。假设这个临界点是 20 年，所以为了恢复健康你不得不放弃一半的寿命。于是我们可以这么说，对你而言，卧床一年的生命价值仅仅等同于 0.5 年健康状态下的生命价值。如果你的临界点是可接受缩短 10 年寿命，那么你就是将自己现在 1 年的寿命等同于正常状态下 0.75 年的寿命。而如果你的临界点是可接受缩短 30 年寿命，那么对你现在来说，1 年的生命价值就只能等同于正常状态下 0.25 年的生命价值。无论你如何选择，你都是在使用某种权衡得失的方式，来计算目前的健康状态所导致的损失与死亡带来的损失之间的轻重。这使得我们可以做出成本效益估计，也就是在恢复你的健康和拯救你的生命这两者之间加以比较。

世界卫生组织发展出一个类似的概念来解决这一类问题。为了设置优先级，世界卫生组织想要估算各种疾病在全球产生的普遍负担。为了做出测算，就必须进行伯曼所说的那种比较——比如说，我们必须去比较导致失明的疾病所带来的负担与导致死亡的疾病所带来的负担。为了达到这个目的，世界卫生组织使用了"伤残调整生命年"（DALY）这一指标。一个 DALY 代表了完全健康状态下的一年的生命。该指标与 QALY 指标一起使用，就意味着处于伤残状态下的一年的生命，是要根据伤残的严重程度来加以折算的。折算的程度取决于许多不同的方法，其中也包括人口取样采访。为了开展世界卫生组织于 2010 年进行的全球疾病负担调查，大批研究者在数个国家之中进行了近 1.4 万次面对面采访，并采用网络调查的方式对所收集的数据进行补充。研究者发现，在不同文化之间，存在着普遍一致的结果。对失明的例子而言，折算率是 0.2。[①] 换句话说，1 年的失明生活相当于 0.8 年的健康生活，或者说，使一个人免于五年失明相当于延长一年健康状态下的寿命。按照这个折算比率，如果使用上文中提到的假定数字，那么在我们用 10 万美元可以帮助到的人口中，无法治愈的失明所造成的损失是每年 $1000 \times 0.2 = 200$DALY，而饥饿会导致每年损失 500DALY。基于上述数字，我们应该为正在挨饿的人提供粮食。

我们不难找到理由来质疑这个有关失明的折算率，以及用以评估各种健康状况所使用的方法。[②] 我们应该请谁来做这项评估：普通公众？还是那些身处这种情况下的患者？一方面，那些身体健康的人对于疾病给人带来的影响做出了判断，但是有大量心理学研究

---

① 参见 J. Salomon, T. Vos, D. Hogan, et al., "Common Values in Assessing Health Outcomes from Disease and Injury: Disability Weights Measurement Study for the Global Burden of Disease Study 2010," *Lancet* 380（2012）: 2129–2143。

② 关于对失明折算率的批评，参见 H. Taylor, J. Jonas, J. Keefe, et al., "Disability Weights for Vision Disorders in Global Burden of Disease Study," *Lancet* 383（2013）: 23; 以及同期刊登的另一篇回应文章 : J. Salomon, T. Vos, and C. Murray, pp. 23–24. 关于用以获得这些数据的方法这个更宽泛的问题，相关讨论参见 John McKie, Jeff Richardson, Peter Singer, and Helga Kuhse, *The Allocation of Health Care Resources: An Ethical Evaluation of the "QALY" Approach*（Aldershot, U.K.: Ashgate Publishing, 1998）。

对这种判断提出了质疑。另一方面，患病的人已经适应了这种状态，以至于他们已经忘记了处于健康状态下有多么好。即使是那些最近曾遭受痛苦的人，在被问及到底有多痛苦时，也会屈从于某些幻想。①

"善捐"还提出了其他关于伤残调整生命年的问题。在一篇博文中，霍尔顿·卡诺夫斯基要我们想象一下：用相同的花费，我们可以完成以下任何一件事：

1. 防止 100 名婴儿夭折，尽管我们知道，这 100 名儿童长大后，在他们 40 年的人生中极有可能会持续地处于一种低收入而且健康状况糟糕的生活状态之中。

2. 为 100 人提供持久而充分的营养和卫生保健，因此就不会在营养不良的状态下长大（后者会导致身高不足、体重较轻、智力水平相对低下以及其他症状），他们会相对健康地度过一生。（为了简明起见，虽然不准确，但我们可以假定这不会影响他们的实际寿命——他们还是会活 40 年左右）

3. 在每一万人中，致力于防治一项相对温和的非致命疟疾（比如说，持续数天的高烧），但是不会对其生活的其他方面造成重大

---

① 关于我们对哪怕是最近发生的痛苦或不舒服的感受所做的判断，相关质疑见 Donald Redelmeier and Daniel Kahneman, "Patients' Memories of Painful Medical Treatments: Real-time and Retrospective Evaluations of Two Minimally Invasive Procedures," *Pain* 66:1(1996): 3-8；以及 Donald Redelmeier, Joel Katz, and Daniel Kahnema , "Memories of Colonoscopy: A Randomized Trial," *Pain* 104（2003）：187—194。

影响。[1]

霍尔顿说他会选择（2），因为他"对于持久而显著地改变一个人的生命这一想法感到兴奋"。他拒绝（3），因为他不认为生命的质量只是简单地将每一天的生活质量叠加起来。他还拒绝（1），因为他不认为"潜在的生活"有多大价值，特别是当这些生活的可能性得到实现之后，将会充斥着各种健康问题。

在随后发表的博文中，霍尔顿指出，前一篇博文的评论中，有些支持他的观点，有些不支持。他补充道："如果我们对发展中国家人民的生活再了解得多一些，或者如果我们对自己的价值观念有过充分的讨论，我们有可能会达成一致。当然，我们也可能不会达成一致。"这一点与"善捐"工作之间的关联在于，任何对于这些根本价值问题的异议，都会导致人们对于调控健康保障的不同方式所具有的成本效率产生异议，而且，将上述调控的益处转化成单一的数字（例如伤残调整生命年之类），其实是在混淆异议而非解决矛盾。[2]霍尔顿的处境与伯曼类似，因为他们都得为捐款者提供建议。他认为，应该这样给出建议，比如说，就10万美元而言，你可以帮助 X 人恢复健康或者拯救 Y 个婴儿。然后捐助者可以做出符合

---

① 参见 Holden Karnofsky, "Significant Life Change," GiveWell blog, July 28, 2008, http://blog.givewell.org/2008/07/28/significant-life-change/.

② 参见 Holden Karnofsky, "DALYs and Disagreement," GiveWell blog, August 22, 2008, http://blog.givewell.org/2008/08/22/dalys-and-disagreement/.

自己价值观的判断。就此而言，霍尔顿同意伯曼的说法，认为对于某些选择来说，没有客观的方法可以决定哪个选择更好。

托比·欧德在霍尔顿的博文下评论称，他同意"伤残调整生命年"这个方法存在严重的问题，但它是"目前为止最好的尝试"，可以用单一的度量标准来支持人们在不同的健康调控方案之间做出选择。"如果真的有说服力极强的论据支持我们选择 X 或 Y，"他补充道，"那么这一选择大概会存在而且会不断进化。"① 欧德是对的，因为他说我们应该为了寻找某种单一的幸福标准而不断努力，即使我们知道无法在不远的甚至是稍远的将来达成目标。由于缺少这样一种度量标准，各国政府和国际机构（如世界卫生组织这样的机构，可以分配有限的医疗卫生资源）就容易倒向最洪亮的声音和最有力的说客。关于如何测量健康调控手段所带来的益处，已有大量研究在这方面取得了进展，而且我们也不应该放弃这方面的努力。我相信，如果我们能在一切相关事实方面达成一致，只要有充足的时间和充分的善意，那么我们最后就能在价值观方面达成共识。然而，由于缺少达成共识的必要条件，"善捐"所采取的劝说潜在捐款人的策略是有意义的。但是，我们必须在解决价值差异问题上采取这个策略——而这对于其他问题来说则并不管用，比如说，捐助艺术博物馆而不是捐助治疗视力的项目。"善捐"大概也会同意这一点，

---

① 参见 Toby Ord, "Comment"（August 12, 2008）on Holden Karnofsky, "Disability-Adjusted Life Years II—Variations", August 11, 2008, http://blog.givewell.org/2008/08/11/disability-adjusted-life-years-ii-variations/.

因为它不评估那些捐助博物馆的慈善组织。在最初几年里，"善捐"的确考虑过帮助美国国内穷困人口的一些慈善机构，但不久就停止了这种做法，因为他们认为，将每一美元都花在帮助全球贫困人口方面会有更大价值。"善捐"可能认为，在某些价值观问题上，人们有充分的理由发生分歧，而在另一些问题上则不应该有产生分歧的充分理由。

在伯曼的慈善事业清单上，还有一项也是她认为没有客观方式来选择的，即"保护女性免受强奸"。每一个人，只要不是强奸犯，大概都愿意保护女性免遭强奸，但是我们甚至无法讨论是否值得为那些致力于这项工作的慈善机构捐款，除非我们对他们的具体措施有所了解。

假设我们接着使用那个假想出来的场景：我们可以用100美元来治愈一个失明的病例，或是用200美元使一个人免于饥饿。那么，我们会说防止一次强奸平均每年所需要的花费是多少吗？如果这项工作需要100万美元，那么我们就不得不面临一个结论：防止强奸不应该是我们的首要目标。没能防止一次强奸诚然很糟糕，但显然不如未能拯救5000条生命那么糟糕。如果我们认为应该将这笔经费用于防止强奸，那么我们能采取的唯一理由在于，最大的恶不在于受害者所遭受的伤害，而在于施暴者的邪恶意图。有些罗马天主教徒可能会持有这种观点。红衣主教约翰·亨利·纽曼（Cardinal John Henry Newman）写过一段著名的话："（教会）认为，让太阳和月亮从天堂坠落，让大地陷落，让地上成千上万的人都在极端痛苦中死于饥饿，只要是暂时的痛苦，也好过（我不会这么说）一个灵魂迷失了方向，做出一件恶行、故意说谎（哪怕没有伤害任何人）或是没有任何理由而去偷窃穷人的东西。"[①] 对纽曼而言，这种价值评判源自其所持有的信仰，即认为世界"与一个灵魂的价值比起来，不过是尘与灰而已"。对于那些不信天主教的人来说，纽曼的观点是可怕的。实效利他主义者会断然拒绝他的观点。然而，纽曼却在2010年被教会宣福，这表明他的观点仍然在罗马天主教会内部获得了一定的支持。

伯曼还提到了为教育和住房捐款，虽然她没有说明所指的是本国的教育和住房，还是发展中国家的教育和住房。出于我们已经说明的原因，如果我们是向处于贫困国家的极端贫困的人口提供帮助，而不是向富裕国家的贫困人口捐款，那么我们为教育或住房所提供的捐款，其中每一美元产生的价值都可能会大得多。然而，如果我们是在比较那些为极端贫困的人提供教育和住房的慈善机构，那么原则上就不可能将其与旨在恢复视力或防止饥荒的慈善组织所产生的善加以比较。诚然，这种比较实际上是非常困难的，因为教育的

---

① 参见 John Henry Newman, *Certain Difficulties Felt by Anglicans in Catholic Teaching*（1850; 重印版，London: Longmans, Green, 1901），vol. 1, lecture 8, p. 240, 可以在以下网址找到：http://www.newmanreader.org/Works/anglicans/volume1/index.html. 相关讨论参见 Roger Crisp, "Turning Cardinal Newman on His Head: Just How Bad Is a Bad Intention?," University of Oxford Practical Ethics blog, May 22, 2012, http://blog. practicalethics.ox.ac.uk/2012/05/turning-cardinal-newman-on-his- head-just-how-bad- is-a-bad-intention/。

益处需要很多年之后才能显现。但是无论怎样，所有这些慈善机构的确都抱有一个共同的目标，即试图提高穷人的福祉。这就意味着，如果我们能够知道所有相关事实，我们就会有一个客观的基础来判断，在成本不变的情况下，某一类慈善机构是否比另一类慈善机构更有可能达成这一目标。

13

减少动物苦难和保护自然

伯曼将"拯救受虐的动物"列为慈善事业之一，而且她似乎认为这些慈善事业是无法与其他慈善事业在客观上加以比较的。她所想的慈善机构大概是救助宠物（大多是猫和狗）的组织，旨在为它们找到家，因为这也是大多数动物救助组织的关注点。[①] 然而，有一个简单明了的原因可以解释，为什么向救助受虐动物的机构捐款并不是最优先的事项。与我们给动物带来的苦难相比，受虐待的宠物所遭受的苦难只代表了其中的一小部分。2012 年，美国有 1640 万只宠物狗和宠物猫。[②] 其中大部分猫和狗应该都过得不错，但即使每只宠物都被虐待，这一数字同美国每年那 91 亿只被当作食物养育并遭到屠杀的动物相比，可以说是微不足道了。[③] 工厂化养殖

---

① 比如说，可以参见维基百科："Animal Rescue Group," http:// en.wikipedia.org/wiki/ Animal_rescue_group, 其中有关于这些机构的介绍。

② 相关数据参见：Humane Society of the United States, "Pets by the Numbers," January 30, 2014, http://www.humanesociety.org/issues/pet_overpopulation/facts/pet_owner-ship_statistics.html。

③ 参见 Humane Society of the United States, "Farm Animal Statistics: Slaughter Totals," April 17, 2014, http://www.humanesociety.org/news/resources/research/ stats_slaughter_totals. html#.U27ZyvmSySo. 以上数字最初来自于美国农业部全国农业数据服务中心。

的动物一生都不得不忍受比狗和猫严重得多的折磨。而且在美国，工厂化养殖的动物数量是猫和狗的 55 倍。任何一个人如果用工厂里养殖母猪的方式来养狗——养殖空间是如此小，以至于母猪无法转身或跨出一步——都会因残忍而被诉讼。

在《动物权益保护者手册》（*The Animal Activists' Handbook*）中，马特·鲍尔（Matt Ball）和布鲁斯·弗里德里克（Bruce Friedrich）提出了令人震惊的主张，生动地描绘了作为食物而养殖的动物所遭受的巨大痛苦与我们给动物带来的其他痛苦之间的差距："每年，数百万计的动物——这个数字是因皮毛而被杀的动物、被安置在救助所和被锁在实验室里的动物总和的许多倍——甚至都活不到被屠宰的那一天。它们实际上是受尽折磨而死。"[①]

想想鲍尔和弗里德里克说的话。他们不是在描述被当作食物杀掉的动物的数量。他们说的是那些甚至不能"受惠于"所谓的人道屠杀法律的动物，因为它们的处境是如此糟糕以至于根本活不到被屠杀的时刻。这一数字包括关在笼子里被啄死的母鸡，因为它们无法躲避那些压力过大、好斗的狱友。肉鸡被喂养得成长速度太快，以至于它们尚未成熟的腿支持不住身体，它们因无法走到食槽而渴死或饿死在肉鸡棚里。而猪、牛、火鸡或小鸡在被打包运输之前还是活着的，但这些一辈子都活在室内的动物死于运输过程中的压力。哈里斯·赛修在他的网站"数动物"上面统计了全美范围内的各种

---

① 参见 Matt Ball and Bruce Friedrich, *The Animal Activists' Handbook*（New York: Lantern Books, 2009），15—16。

数字：每年在救助站死去的动物总数在 400 万只左右，由于皮草而丧命的动物有 1000 万只，在实验室丧生的动物是 1150 万只，总计大约 2550 万只。这些保守的数字主要是基于行业报告和科学期刊，赛修据此估算，每年有 1 亿 3900 万只鸡受尽折磨而死。再加上火鸡、猪和牛，这个数字还会更大。①

尽管比例是如此悬殊——因为宠物远比鸡、猪或牛更讨人喜欢——美国还是有上千家组织来救助猫和狗，却少有组织去救助那些农场养殖的动物。动物慈善机构评估者（ACE）承认，通过为猫狗绝育、降低疾病在其群体之中的扩散并为救助所的动物找到合适的家庭，我们就有可能减少猫和狗所受的虐待和杀戮。但是这样做的成本很高，因为这需要医疗保健、疫苗注射并提供食物与住所。因此，动物慈善机构评估者称："这似乎不太可能成为一种行之有效的减轻痛苦的方法。"相反，动物慈善机构评估者认为，帮助动物并阻止最大苦难的最有效方式是为农场养殖的动物而积极奔走。救助每只动物的成本是数十美元甚至上百美元，与此相比，说服人们减少或停止购买动物产品的花费则只占成本的一小部分。在我写作本书时，动物慈善机构评估者推荐的慈善机构都将重点放在救助农场养殖动物上。② 这是我们在第九章结尾处讨论过的利他套利的

---

① 参见 Harish Sethu, "Is Vegan Outreach Right About How Many Animals Suffer to Death?," http://www.countinganimals.com/is-vegan-outreach-right-about-how- many-animals-suffer-to-death/。

② Animal Charity Evaluators, FAQ, Position Statement. 参见 http://www.ani- malcharityevaluators.org/about/faq/ and http://www.animalcharityevaluators.org/ about/position-statement/。

例子：我们应该接受罗伯特·威布林的建议，关注大多数人忽视的慈善事业。这也是利他主义者可以找到容易实现的目标的地方。

诚然，将动物问题纳入伯曼的慈善事业清单，这给我们提出了另一个更加困难的问题：我们如何能够将帮助动物所产生的善和其他的慈善机构所产生的善加以比较？这里有两个不同的问题常被混淆。一个是事实问题：动物所遭受的痛苦是否同人类所遭受的一样多？另一个是伦理问题：假设动物所遭受的苦难同人类所受的苦难一样多，那么，动物的苦难与人类的苦难是否同样重要？

对伦理问题的回答是肯定的。在《动物解放》一书中，我论证说，如果对非人类动物的利益给予较少的考虑，仅仅是因为它们不属于我们这个物种的成员，那么这就是物种歧视（speciesism），就和最原始的种族歧视和性别歧视一样，是大错特错的。物种歧视是歧视的一种形式，它否认那些"非我族类"的存在者具有同样的利益，而我们同局外人之间的界限却取决于某些自身与道德无关的因素。我的印象是，"物种的道德无关性"自身已经为大多数反思该问题的哲学家所接受。①

然而，我们应该给予动物苦难问题以多大的道德权重，对这个问题的争论并不能以反对物种歧视来做结。为我们对待动物的方式进行辩护的人通常会指出，与那些非人类的动物相比，人类更为理性、更

---

① 参见 Peter Singer, *Animal Liberation*（1975; reprint, New York: Harper, 2009），chap.1; 对于我的主张——在哲学的层面上，对于物种歧视的反对已经"胜利"了，相关的支持性论证参见 Colin McGinn, "Eating Animals Is Wrong," *London Review of Books*, January 24, 1991, 14—15。

有自主性、更有自我意识或者说更有互动的能力。[①] 根据上述基础而提出的论证，所捍卫的并不是物种歧视，而是一个不同的观点，即认为我们应该对那些理性的、有自主性的、有自我意识或者更有能力互动的物种赋予更大的权重。然而，该论证无法为我们目前对待人类和非人类动物的方式提供辩护，因为有些人与某些非人类动物相比，在上述方面显然不如后者。比如，将狗和未满一个月大的人类婴儿相比，或者将大猩猩同智力严重受损的人相比。我们暂且不考虑正常婴儿所具备的潜力的复杂性，而只需要想想那些智力严重受损的人。如果非人类动物同人类的智力水平处于同一个层次（或者比人类更高），而且人类不具备超过动物的智力水平的能力，那么基于具备更高认知能力的存在者所具有的特殊价值而提出的论断就无法为赋予人类更大权重的行为提出辩护，而且只要我们不像重视有类似能力的人类那样重视动物利益，我们对待动物的方式就是不正义的。

有些人会觉得将人类的苦难同动物的痛苦相比较是非常过分的。他们也许相信，动物的苦难永远无法与人类的苦难相提并论。如果这不仅仅是偏向我们这一种族的宣言，那就一定是有人类和动物在精神生活方面的差异作为基础。而这就意味着，我们也无法将正常人的苦难与那些思维水平类似于非人类动物之水平的人的苦难相提并论。不管怎么样，即使我们仅仅将目光集中于对待动物的方

---

① 参见 Carl Cohen, "The Case for the Use of Animals in Biomedical Research," *New England Journal of Medicine* 315（1986）: 865—870; Michael Leahy, *Against Liberation: Putting Animals in Perspective*（London: Routledge, 1991）。

式，否认我们可以比较动物苦难与人类苦难，这件事情本身就足以表明，我们已经对这两种苦难做出了比较。如果人类苦难远比动物苦难重要，那么人类所受的任何苦难（无论多么微不足道）都可以为我们忽视一切动物苦难（无论多么巨大）提供辩护。如果一群鸡在大热天没有水喝，而为了避免它们痛苦并缓慢地死去，你所需要做的不过是打开水龙头，那么你应该打开。如果为了这么做，你不得不穿着挤脚的鞋子多走几步，那你也应该多走这几步。

然而，一旦我们承认一群鸡受的苦难可以胜过某种人类的苦难，那么下面这种做法就不会显得太荒谬：我们开始减少受影响的鸡的数量并增加人类所受的苦难，直到接近两者之间的平衡点，而如果没达到这一点，至少我们应该达到一个不确定的区域，其中，无论是鸡的痛苦还是人的痛苦，都无法足够充分地压倒另一方。①

如果我们认为有理由去比较人类的苦难与动物的苦难，如果我们认为，若是不像重视人类苦难那样重视动物苦难，我们就对动物不公正，这也并不意味着，我们是要否认那些已经度过婴儿期的正常人具备某些能力，并因此而影响到我们评估利益的方式。这些能力包括，比如说，理解一个人在持续时间进程中存在的能力，以及

---

① 西季威克在回应对功利主义的指责（即功利主义通过将动物的苦难纳入其计量当中，因而极大程度地增加了对何者能够令效用最大化的计量难度）时，提出了一个类似的观点，他承认有这个问题，但是补充道："不过，对于功利主义者来说，情况并不比道德家所面对的困难更严重，后者反而会落入完全无视非人类动物的快乐和痛苦所导致的悖论。" *The Methods of Ethics*, 7th ed.（London: Macmillan, 1907），414。

形成关于未来的渴望的能力，因为我们可以证明，这给予一个人继续生活下去的特殊益处，而很多缺乏这一能力而无法形成这种欲望的非人类动物则无法拥有这种益处。[①] 我们还可以承认，不同程度的意识可能影响生物在不同环境下受罪的程度或享受生命的程度。这使我们更加难以比较减轻动物苦难所产生的善与（比如说）防治人类因沙眼而失明所产生的善。猪与鸡在心智能力方面的差别也使我们更难以比较下面这两种苦难：一方面是扩大鸡笼面积，使鸡能够伸展翅膀从而减轻的苦难，另一方面则是使种猪有更大空间活动从而减轻的苦难。或许我们现在已经达到了临界点，无法找到一个合理的标准以便能够在两个慈善事业之间选择其一？

在第四章中，我们已经看到，一些实效利他主义者认为，为减少动物苦难而捐款是最具实效的利他主义形式。他们也意识到了前文提到的各种困难，但他们相信，即使我们认为鸡、猪、牛之类的养殖动物对苦难的承受力不及人类，但其数字之巨大，以及改变这些数字的成本之相对低廉（主要方式是鼓励人们减少或放弃消费动物产品），都使得这成为减少苦难的最具成本效益的方式。在美国，素食巅峰（Vegan Outreach）持续数年通过志愿者在学院和大学里

① 我在其他地方已经论证了这一点（*Practical Ethics*, 3d ed. Cambridge: Cambridge University Press, 2011），chaps. 4, 5。然而，需要注意的是，自从写过那些论述之后，我对享乐主义产生了更多认同感，而不是像以前那样更倾向于功利主义。参见 Katarzyna de Lazari-Radek and Peter Singer, *The Point of View of the Universe*（Oxford: Oxford University Press, 2014），chaps. 8, 9. 其他关于杀害动物的观点，参见 Jeff McMahan, "Eating Animals the Nice Way," *Daedalus*（Winter 2008）: 66—76，以及 Tatjana Visak, *Killing Happy Animals*（London: Palgrave Macmillan, 2013）。

分发传单，现在正将这类活动推广到其他国家。像"人道联盟"之类的组织现在也会使用素食巅峰的传单，并会做在线广告来引导人们观看视频。这些活动的结果都会通过后续跟进调查而加以评估，以便估计由于广告而改变饮食结构的人数。动物慈善机构评估者尝试使用这些技术，试图确立一年内减轻动物苦难所需的成本花销。他们的研究做出了如下评估：

※　每份发出的传单的成本，或者在线广告每次点击的成本；

※　收到传单或点击广告之后减少消费动物产品的人数比例；

※　这一影响持续的平均时间；

※　每年每人消费的工厂化养殖动物的平均数量或相同价值的乳制品和鸡蛋；

※　养殖动物的平均寿命（比如说，肉鸡在42天时被杀掉，所以9只养殖鸡的寿命相当于一年的苦难）；

※　对动物产品需求的弹性（因其他人减少消费而价格下降时肉食者增加的消费量）。

　　在此基础上，动物慈善机构评估者估计，使用传单时，每年减少动物苦难的成本是0.63美元；通过在线广告，其成本是0.47美元。动物慈善机构评估者承认某些指标的数据并不充分，并在寻找更好的研究方法。同时，它还公布了这一估计的上下阈值。对于传单而言，最差的情况是，每年用于减轻苦难的花费是12.52美元；对在线广告而言,这个数字是 4.52 美元。最好的状况下,两者都小于 0.06 美元。^①即使我们假定最差情况的数字是准确的,对于减少苦难而言,那也并不昂贵。

动物受难的程度是否同人类一样强烈？这难以得知,但是根据估计,动物慈善机构评估者相信最可靠的方法是,我们假设(比如说)养殖动物所能承受的苦难只是人类的 1/10,而且与帮助人类的最富实效的慈善机构相比,与工厂化养殖有关的传单和在线广告仍然价值极高。此外,当我们通过减少消费动物产品而减少动物苦难的时候,我们获得了巨大的免费奖励。本书第四章提到的一位实效利他主义者本·韦斯特已经表明,即使你的目标只有一个,就是通过减少温室气体排放从而减缓气候变化,你也可以更高效地完成这个目标——方式是向鼓励人们食素的组织捐款,而不是向减少碳排放的组织捐款。^②

---

① 参见 Animal Charity Evaluators, Leafleting Impact Spreadsheet: http://www.animalcharityevaluators.org/research/interventions/leafleting/leafleting-calculator/ 以及 Online Ads Spreadsheet: http://www.animalcharityevaluators.org/research/in- terventions/online-ads/online-ads-calculator/。

② 参见 Ben West, "Top Animal Charities and Climate Change," October 14, 2012, http://www.animalcharityevaluators.org/blog/top-animal-charities-and-climate-change. 在这里主张,线上广告能够引导人们变成素食主义者,而成本只需要每年 11 美元。韦斯特的数据来自于一项有关人们能够保持多长时间的素食的调查,这个数据已经有所修订。因此动物慈善机构评估者对于每一个素食年份的线上广告成本估计就有了一个"最佳猜测":成本为 1.46 美元,上下浮动落差为 0.36~4.27 美元。对于传单成本的最佳猜测是 1.77 美元,浮动范围是 0.34~9.02 美元。换句话说,上述数字甚至比韦斯特之前用过的数据更能够支持他的结论(关于细节,参见前面脚注中提到的传单；要计算每一美元所支持的素食年,用 100 除以"后果限定"所预估的后果,以及每个限定的年数)。目前还有更多的研究正在进行,它们的目标在于加强上述数据的证明基础。

气候变化

我将伯曼清单上被简单称为"保持冰川冻结"的目标放到最后。这可以看成是为了自然本身而保护自然，或者可以将它作为减缓、停止或逆转气候问题的一个象征，因为如果不这样做，我们就无法阻止冰川融化。我将首先考虑第二个可能性，然后再回过头来提出下面这个问题：我们应该如何看待"为了自然本身而保护自然"的价值。

如果喜马拉雅山的冰川消失，依靠冰川形成的河流而生活的上亿人口将会失去水源，无法灌溉庄稼。气候变化还会影响降雨模式，导致干旱或更加严重的洪水，格陵兰岛和南极洲冰层的融化会导致海平面上升，从而淹没低海拔的临海地区，迫使当地居民成为难民。气候变化有可能迅速发展到无法控制，使地球不再适合人类居住，如果这发生在我们有能力移居其他行星之前，那它或许意味着人类可能灭绝。这就产生了另一个伦理问题，我将在第十五章加以讨论。现在，我将假设气候问题对上亿人或数十亿人具有毁灭性的影响，但人类还是会生存下去。

现在要停止或逆转气候变化已经为时已晚，这一点几乎已成定局，至少在不使用有风险的地球工程技术的情况下是这样。[①] 另一

---

① 参见 Dale Jamieson, *Reason in a Dark Time: Why the Struggle Against Climate Change Failed—and What It Means for Our Future* (Oxford: Oxford University Press, 2014). "善捐"将地球工程技术看作一个发展实效慈善事业的好机会，参见 http://www.givewell.org/labs/causes/geoengineering. 另外参见 Clive Hamilton, *Earthmasters: The Dawn of the Age of Climate Engineering* (New Haven: Yale University Press, 2013).

方面，减缓气候变化是一个非常重要的目标，它会给全球范围内的穷困人口以及我们的子孙后代带来巨大的益处。我们是否应该支持慈善机构去努力实现这一目标，这将取决于我们对于自己的付出可能影响最终结果之概率的估计。因为结果是如此关键，哪怕只是一个有极其微小的概率可以改变那个结果的行动都依然具有极高的预期价值。所以，如果一个人能合理地相信存在这一极微小的概率，那么这看起来就是一个值得投入的目标。对于高风险、高回报的目标感兴趣的人能够理智地为此捐款。而那些希望充分确定自己的捐款能产生可量化的善的人则不会这么做。不确定性是如此巨大，以至于我们无法判定，向一个以减缓气候变化为目标的慈善组织捐款10万美元，与帮助1000个人恢复视力，这二者之间哪个更好。但这并不代表不存在客观的答案，而是意味着我们无从得知这个客观答案，因为我们尚未、也无法获知全部的相关事实。

自然是否具有内在价值？

现在我可以转向"为自然本身而保护自然"这一问题。这里所说的"自然"可以包括冰川、原始森林、野外河流以及濒危物种。选择保护自然或是毁灭它肯定会对其他有知觉的生物（无论是人类还是非人类）产生影响。就像一条标语说的，灭绝是永恒的，一片原始森林一旦被砍伐就不可能再生，因为任何再生林都会具备原始森林所没有的特点，而其中与某些相对来说未经人类活动改变的事物之间的联系也会因此丧失。因此，对自然的破坏将会给无数的子孙后代带来负面后果。上述考虑为我们保护自然提供了强有力的理由，哪怕要耗费相当可观的经济成本。然而，这些理由并不认为保护自然的价值在于自然本身，而是认为在于对有感受力的生物（包括人类和非人类）的现在和未来所产生的影响。因此，我们应该提出另一个问题：除了有感受力的生物的体验之外，自然是否还具有其他价值？许多主张保护野生物种和濒危物种的人论证说还有其他价值。当他们为保存森林或保护濒危物种而呼吁人们采取行动时——有时候会用残忍的方式杀死大量野生猛兽以达到该目的——他们经常宣称，生物多样性是一种内在价值，不需要论证它对于人类或其他有感受力的生物的益处并以此来为其提供进一步的辩护。美国环境学家奥尔多·利奥波德（Aldo Leopold）深刻地阐述了"自然具有内在价值"这一观点。在一篇经常被引用的文章中，他提倡"大地伦理"（land ethic）的观点。按照这种观点，当一个行动"倾向于保护生态共同体的完整、稳定和美丽时"，该行动就是正确的；如果具有相反的倾向，那它就是错误的。[①]

实效利他主义者对于自然的内在价值尚未表现出太大兴趣。就像他们倾向于认为，正义、自由、平等和知识等价值并非因其自身而是好的，而是因为它们对于社会福利产生的积极效果才是好的，

---

① 参见 Aldo Leopold, "The Land Ethic," 载于其著作 *A Sand County Almanac*（New York: Oxford University Press, 1949）。

所以他们并不认为自然本身具有价值，而是追问，保护自然对于动物和人类来说是好还是不好。有些实效利他主义者甚至将自然看作负面的，因为野生动物因其而遭受了大量的痛苦体验，他们期待在未来可以为减轻该痛苦而有所行动。①

对于那些主张自然具有内在价值的人而言，将这一价值与其他价值加以比较（比如说人类与动物的福祉），就成了无法解决的难题。我个人的观点是（我曾在其他地方捍卫过这个观点），只有在有意识的经验中，才能发现这种内在价值——而且也不是在所有有意识的体验中，而只是在那些积极的体验中。基于这一观点，自然本身（不考虑那些在自然之中才得以生存的有感受力的生物）并不具有内在价值，所以也就不存在那个难题，即权衡自然的内在价值和有感受力的生物的体验所具有的内在价值。②

---

① 参见 Oscar Horta, "Disvalue in Nature and Intervention," *Pensata Animal* 34（2010），可在以下网页阅读：https://www.academia.edu/1277396/Disvalue_in_Nature_and_Intervention。亦参见 Brian Tomasik 的文章，相关网页为：http://www.utilitarian-essays.com，专题名称是："Wild-animal suffering"。

② 参见 Singer, *Practical Ethics*, chap. 10; 亦参见 Lazari-Radek and Singer, *The Point of View of the Universe*, chaps. 8, 9。

14

选择最佳组织

以我们决定予以支持的慈善事业为基础，会有成百上千个组织为之工作。实效利他主义之所以在实践层面上变得可能，其中一个重要因素就是评估其他慈善机构的元组织的发展。我已经提到了其中两个组织："善捐"和"动物慈善机构评估者"。它们所要尝试实现的目标对于实效利他主义的成功来说至关重要，但这一领域依然处于早期发展阶段，其中某些方面尚存在争议。

在人们捐给慈善机构的馈赠中，大多数都是以情感为基础的。其中 2/3 的捐款人在捐款之前不会做任何研究。[①] 有些人捐款是因为看到了孩童的照片（或者是快乐的孩子，或者极其瘦弱），有些人则是因为看到了动物的照片（尤其是那些有着圆圆眼睛的动物）。其他人捐款则是因为有熟人恳请他们这么做——而且他们也不会停下来问那个人，有什么证据表明该慈善机构是富有实效的。正如我们已经看到的，小额捐款人看到有关慈善机构之实效性的确实证据

---

① 参见 Bob Ottenhoff and Greg Ulrich, *More Money for More Good*（Washington, D.C.: Guidestar, 2012），13，可以在以下网页看到 http://www.guidestar.org/rxg/give-to-charity/ money-for-good/index.aspx。

之后，他们的捐款额反而会减少。[①]另一方面，预先进行相关调查的捐款人所占的比例会因捐款方向的不同而有所变化，一般来说，与向其他慈善捐助领域捐款的人相比，向国际援助组织捐款的人之中，有更多的人会进行调查（占人数的62%）；与此完全相反的是为艺术而捐款的人，其中只有25%的人会做调查，而为宗教事业捐款的人中只有22%会做调查。[②]

捐款人确实有不做调查的借口：要弄清楚一个慈善机构在多大程度上富有实效，这并不容易。在"善捐"成立之前，捐款人所能调查慈善机构的主要方式就是去"慈善导航者"（Charity Navigator）网站查询，该组织将自己描述成"全美最大也最具影响力的慈善组织评估者"。在2012年，"慈善导航者"网站有620万次访问量。它对7000余家慈善机构（包括所有知名的慈善机构）进行评分，并每月对新成立的100家慈善机构进行评估，但它之所以能够这样做，仅仅是因为它所做的评估极为表面。直到2011年，他们的根据只是慈善机构的财务健康状况，而他们进行评估所使用的信息仅仅来自于慈善机构所填报的表格——所有美国慈善机构都必须填报此类表格并上交国税局（Internal Revenue Service）。即使这个表格也是在2011年之后增加的、第二维度的评估元素（问责制与透明度）之一。另一评估问责制与透明度的元素则是组织的网站。这类

---

① 参见本书第八章。

② 参见 Ottenhoff and Ulrich, *More Money for More Good*, 13。

信息完全无法告诉我们任何关于慈善机构项目实施效果的情况。"慈善导航者"计划增加第三个维度，是慈善机构所获得的成就，但是，为 7000 家慈善机构做出合理的评估将会是一项庞大的工程，而"慈善导航者"还没有制定开展这项工作的时间表。①

许多人访问"慈善导航者"网站，就是为了看一个数字，即一家慈善机构将其收益用于日常管理和善款筹措这两个方面的比重，而不是看该机构做了哪些项目。霍尔顿·卡诺夫斯基说过，想想有多少人参考这一数字来决定是否为某家慈善机构捐款，就觉得很吓人——而且别忘了，这还是那些会在捐款之前进行调查的少数人。②在极端情况下，这些数字是有意义的。一家总部位于佛罗里达的小型慈善机构"儿童慈善基金有限公司"（Children's Charity Fund Inc.），将其收益的 84% 都花在筹款活动上，接近 10% 花在管理费上，只留下 6.1% 用于项目的具体实施。③它在"慈善导航者"上的评分最低。警告那些粗心的捐款人远离这样的组织当然是有帮助的。然而，除了少数与此类似的情况，用于日常管理和筹款活动方面的收益比例并不能告诉我们任何关于慈善机构效率的信息。一家慈善组织可能在管理和筹款方面的花费很少，但向它捐款可能同向"儿童

---

① 相关信息参见 http://www.charitynavigator.org/index.cfm?bay=content.view&cpid=1193 #. U37kt_mSySo and http://www.charitynavigator.org/index.cfm?bay=content.view& cpid=483#43。

② 参见 http://blog.givewell.org/2009/12/01/the-worst-way-to-pick-a-charity/。

③ 参见 http://www.charitynavigator.org/index.cfm?bay=content.view&cpid=483#43。

174　　第四部分　选择慈善事业和慈善组织

慈善基金"捐款一样，都是浪费金钱。比如说，你要在以下两家旨在帮助发展中国家的穷困人口的慈善机构中做出选择：

※　慈善机构 A：8% 的资金流向管理和筹款，92% 用于项目实施。
※　慈善机构 B：28% 的资金流向管理和筹款，72% 用于项目实施。

你是应该捐给 A 还是 B？除非你知道，A 的项目几乎同 B 的项目一样富有实效，否则你就没有足够的信息来回答这个问题。或许 A 的管理费用之所以那么少，是因为它在监管和评估上几乎没有花钱。因此，A 的管理者从来没有发现他们的项目并不适合所实施的地区，只有 10% 的项目真的使穷人受益。B 则从其资质良好的员工那里得到了详细的评估报告，通过中止那些没有实际作用的项目，他们得以确保 90% 的项目都能为穷困人口提供帮助。如果你了解这些情况，你就能够计算出，当你给 A 捐款的时候，其中的 8% 用于管理和筹款，83% 白白浪费了，9% 直接帮助了穷人；而如果你捐给 B，捐款额的 28% 就流向管理和筹款，7.2% 浪费了，64.8% 则直接帮助了穷人。B 是更好的选择。

"善捐"则与"慈善导航者"完全相反。它没有试图评估所有类型的慈善机构，而是从关注那些旨在帮助穷人的机构开始。"善捐"起初审核了在美国及发展中国家工作的、有前途的慈善机构，之后判定（主要是出于本书第十章讨论过的原因）：同帮助更富裕国家的穷人相比，那些旨在帮助发展中国家的贫困人口的干预工作很可能有更高的成本效益。因此，"善捐"不再对那些不以帮助全球穷人为主旨的慈善组织进行评估。到目前为止，"善捐"已经评估了数百家旨在帮助发展中国家的穷困人口的慈善机构，而那些更有前途的机构则得到了相当深入的评估。只有少数机构得到了推荐。这并不代表"善捐"判定其他慈善机构的成本效益较低，而是说，它的结论仅仅是，无法找到足够的证据来表明这些机构是在用成本效益高的方式来行善。由于缺少这样的证据，"善捐"为那些已经予以审核的慈善机构撰写了评估报告，但是不会推荐这些机构。

最近，"善捐"的高标准已经将它的关注点从个别组织引向了特定类型的干预手段。这一转变的原因在于，"善捐"对于那些来自慈善机构的自我评估的证据感到不满。"善捐"认为，最高品质的证据只能在那些关注干预方式之类型（比如分发蚊帐以减少疟疾带来的负担，为孩子驱虫，为穷困家庭提供现金资助）的学术研究中找到，而不是关注那些进行干预和调控的慈善机构。因此，我们可以将"善捐"目前采取的调查模式描述为：首先鉴别出那些有确凿证据表明产生了积极效果的干预手段，之后再调查那些仅仅关注具有可见效益之干预手段的慈善组织。同时，"善捐"更有可能推荐那些鼓励对其干预效果进行独立的、高质量研究的慈善组织，这些组织具有透明度，而且愿意汲取这些研究成果。

"善捐"没有能力调查那些业务种类繁多的慈善组织，因为能够证明其效力的证据更少，即使在各种各样的活动中，有些干预手段可以被证明是有益的。这就解释了为什么没有一家大型援助组织

（乐施会、援外社、国际红十字会、无国界医生、联合国儿童基金会、救助儿童会、国际世界宣明会）能够登上"善捐"的推荐榜单。"善捐"承认，我们很难评估一美元所能产生的善——如果使用这一美元的组织将它分摊用于多项活动之中，而只有一部分活动能被证明是用于帮助那些他们想要去帮助的群体。在这样的组织中，有些组织允许捐款人直接捐款给一系列具体项目中的某一个项目，但是"善捐"怀疑这种做法是否有实质差别。该组织还是会收到没有使用限制的馈赠，并且可能自己去赋予某些项目以优先权。如果个人捐款者都去捐助一两个项目，而不资助其他项目，那么该组织就会利用某些不设限的资金来填补其他项目的资金缺口。因此，向某一个具体项目直接捐款并不必然影响该项目的进展，甚至不会对项目的规模产生必然的影响。

在 2013 年，"善捐"只推荐了三家慈善机构，其中两家专门防治寄生虫感染（这将导致儿童罹患健忘症并阻碍他们在学校的发展），第三家则是"直接捐赠"，就像我们在第五章中看到的那样，该机构直接将现金补助发放给极端穷困的人。这些干预方式通过随机对照试验（randomized controlled trials）而得到评估，就像制药公司用这种方式评估新药一样。在干预之前，一批潜在接受者进行身份确认，并采集了有关其健康或生活质量的基本数据。通常接受者为个人，但在某些情况下则是整个村庄的居民。之后随机抽选其中半数人员来接受干预，另一半则不接受干预。在试验的最后，两组被试者都会接受进一步的测量。随机取样令干预行动得以免受这一地区同时发生的其他变化的影响。[1]

在健康卫生领域，随机对照试验是最标准的证据。这些试验频繁证明，大范围使用药物和医学治疗是无效的，或者相对其他替代方法来说是低效的，而当人们将这种方法应用于测试援助项目时，它们的效果也是同样有限的。比如说，在很多发展中国家，孩子（特别是女孩子）在学校接受教育的时间不足以完成他们应该完成的学业，哪怕在学费减免的情况下也是如此。为了改变这一现象，人们提出了以下策略：

※ 为女孩提供无条件的现金援助；

※ 为女孩提供现金援助，条件是她们必须去上学；

※ 为女孩提供奖学金；

※ 提供免费的小学校服；

※ 在整个小学驱除寄生虫；

※ 向家长提供相关信息，证明那些接受教育的人，其收入也会增加。

---

[1] 因为无论有没有进行恰当的随机对照试验，一个例子都对我们判定下面这一点形成了挑战：健康与生活质量方面的改进究竟是特定干预调控的结果，还是泛泛发生的事件？参见 Michael Clemens and Gabriel Demombynes, "When Does Rigorous Impact Evaluation Make a Difference? The Case of the Millennium Villages," Center for Global Development, Working Paper 225, October 2010, http://www.cgdev.org/publication/when-does-rigorous-impact-evaluation-make-difference-case-millennium-villages-working。

以上策略看起来都很合理。当教育资源稀缺时——教育资源总是稀缺的，特别是在发展中国家——我们应该采取哪条策略？由于没有进行随机测试，因此我们无法得知答案。但是"贾米尔扶贫行动实验室"对上述策略进行了测试，发现其中最后一条到目前为止是成本效益最高的。用于向家长提供消息、表明更多教育将带来更高薪水的每100美元，都产生了令人惊讶的效果——令孩子们在校学习的时间增加了20.7年！在所有小学进行驱虫也是成本效益较高的，每100美元都使得学生在校学习的时间增加13.9年。在剩下的干预方式中，头两个相对无效，每种方式使用100美元所增加的在校时间只有不到一年，而现金援助，无论是有条件还是无条件，每100美元增加的时间还不到1/10年。① 因此，相较于两个最低实效的方法，最富实效的方法所产生的益处相当于它们的200倍之多，而这就意味着，用于最低效方法的每100美元中，有99.5美元都被浪费掉了。当资源有限而教育对孩子的未来又如此重要时，这种浪费就意味着有很多人都无法实现他们的全部潜能。

2013年，广播节目"行星货币"（Planet Money）的制作人员、雅克布·戈德斯坦（Jacob Goldstein）和戴维·凯斯滕鲍姆（Dave Kestenbaum）到肯尼亚去比较"直接捐赠"和"国际小母牛"组织

---

① 参见 Rachel Glennerster, "Improving Primary Education with Evidence," From Evidence to Policy: Decision Science Symposium, Kigali, Rwanda, May 21–23, 2013, 以下网址可见：http://www.povertyactionlab.org/doc/rwanda-education-evidence-rachel- glennerster-may–21–2013。

（Heifer International，该组织将母牛送给穷人）的工作。"直接捐赠"已经安排了独立的研究人员针对其现金捐助所产生的影响进行随机对照试验。保罗·尼豪斯向戈德斯坦和凯斯滕鲍姆建议，为了解决"捐助现金和捐助母牛何者更好"这个问题，可以进行类似的试验来比较这两种干预的手段。戈德斯坦和凯斯滕鲍姆将这一观点传达给伊丽莎白·宾特利夫（Elizabeth Bintliff），她是"国际小母牛"组织非洲项目部的副总裁。她的回复是："我们不是在做实验。这些都是真实的人命，而我们必须去做我们相信是正确的事情。我们不能用人的生命做实验。他们是人。这一点太重要了。"①

宾特利夫不是第一个声称做随机试验是违背伦理的人。反对随机试验的伦理依据通常是，为了获取必要的控制组，我们就必须停止某种援助方式，而这将使得近一半的人无法从中受益。如果我们有充分的理由相信某种慈善援助是有益的，而且现在也能够选择向所有可从中获益的人提供这一援助，那么宾特利夫的这一反驳将更加有力。尽管资源受限可能使"国际小母牛"组织无法实现这一目标。无论如何，只要有人没有接受慈善救助，那我们就很难用这个事实来论证伦理层面的反对观点，也无法确定这类慈善援助究竟在多大程度上使人受益。不过，尼豪斯提出的不是在给穷人一头牛与不给他们任何帮助之间作比较，而是比较给予一头牛和直接给予现金之

---

① 参见 "I Was Just Trying to Help," *This American Life*, August 16, 2013, http:// www.thisamericanlife.org/radio-archives/episode/503/transcript.

间的差别。"国际小母牛"组织无法得知，为人们提供一定数量的母牛是否会比直接进行现金援助产生更好的结果。

药物和医疗的随机对照试验也是"用人类的生命做实验"，但当试验遵循国际研究组织设定的指导方针时，它们不仅被广泛认为是可允许的，而且也是必需的。从长远角度看，这些试验能拯救生命。对于那些认为"用人类生命做试验"的做法不道德的人来说，恰当的回应是：指出其他可能（无法使用可获得的资源来尽可能多地改善人们的生活）要糟糕得多。"国际小母牛"组织不愿意接受检测，这意味着该组织害怕检测结果可能不会支持其所标榜的干预行为。

不过，随机对照试验确实有其缺点和局限。对某些援助干预而言，把受过专业训练的人送到遥远的村庄，这占用了预算中的最大部分。如果随机化需要以村子为单位（在某些情况下这的确是必需的），而且试验还需要无干预的对照组，那么需要予以探访以便做出基准测量的村庄数量就要翻倍，因此做一项试验的花费也接近干预项目所需成本的两倍。美国乐施会想要为其"为改变而存钱"的项目做随机对照试验。该项目鼓励马里地区的乡村女性建立存钱计划，每个成员在有需要时都可以从中借钱。试验需要调查 500 座村庄的 6000 户家庭。乐施会的员工担心，捐款者会比较介意自己捐助的金钱中将近一半的数额都被用来进行研究，而不是直接帮助别人。当"扶贫行动创新实验室"（该研究团体从有远见的基金会、政府机构、公司和个人那里获得资助，评估哪些反贫困项目富有成效、哪些没有成效）为该试验筹措到资金的时候，这个困难得到了解决。这一研究发现，在食品安全领域（但不包括健康卫生），反贫困项目的成效显著，而在入学受教育人数、小企业投资以及女性赋权（最后这一点令人惊讶）等领域，收效则不那么明显。或许在这些方面产生明显改变需要更多的时间。另一方面，干预的效果也有可能不像项目发起者所希望的那样，具有那么大的影响力。[①]

随机对照试验的主要局限在于，它们只适用于某类干预，特别是那些可以在数百人或数千人规模，或是在以村庄为单位的小范围内进行试验的干预。在这些试验中，能够抽取到的样本足够大、可以产生统计学意义上的显著结果。因此，随机对照试验不适合评估国家规模的干预项目以及国家或国际范围内的倡议计划。乐施会在直接援助和倡议工作两方面都有所投资。该组织相信，倡议工作因其进行的直接援助而具有更好的基础，同时也认为它对我们尽可能抗击导致贫穷的各种因素而言具有关键作用。主张对政策加以改变，这对那些认为传统援助形式只是治标不治本的人来说具有明显的吸引力。

对倡议工作的成本和收益进行评估有时候是可能的，而且显然也是很有价值的。乐施会长久以来都在关注石油和采矿之类的采掘业，这些产业通常剥夺穷人的土地或污染河流，而河流是当地人捕鱼、灌溉或饮用的水源。有些采掘企业会提供就业机会和利润来促进当地经济发展，其他企业则不会这样做。因此，当 2007 年在加纳

---

① 参见 Innovations for Poverty Action, "Evaluating the Savings for Change Program in Mali," http://www.poverty-action.org/project/0054.

发现有具备商业价值的石油和天然气时，乐施会关注了开采利润的可能去向。虽然通常认为，加纳实行的是管理良好的民主制，但我们依然无法确定，这一新的收入来源是否会令占加纳人口大约 1/4 的穷人受益。在接下来的七年之中，乐施会支持其加纳的合作伙伴同政府展开对话，讨论增加石油和天然气行业的透明度和公共责任。在加纳，很多最贫穷的人都是小农户，因此乐施会和当地的合作伙伴决定推广"石油造福农业"（Oil for Agriculture）的活动，以确保开采石油的大部分利润将直接用于帮助贫穷的农民。乐施会对于研究报告和公共论坛提供了支持。在这些报告和论坛中，人们讨论如何利用石油产业带来的利润，并帮助当地合作伙伴提高公众对于该议题的关注度，组织安排高端政府会议。乐施会的游说也说服了世界银行和国际货币基金组织关注加纳石油收入的使用情况。该活动的最初成功体现在加纳政府 2014 年的年度预算中，其中有 15% 的石油收入被用于发展农业，与上一年的分配相比增加了 23%。加纳政府 2014 年的预算显示，将会获得大约 7 亿 7700 万美元的石油利润，所以 15% 就是 1 亿 1600 万美元，其中绝大部分将用于"农业扶贫"计划。为了实现这一结果，乐施会在经济上的投入是为其工作伙伴提供 7.5 万美元的救济金，另有 5 万美元用于下一阶段的游说，旨在确保这笔钱得到合理利用。[①] 这个数字没有包含间接开销（比

---

① 2014 年度加纳政府可预期的石油利润数据来自于加纳共和国财政部，*2014 Citizens Budget*, Accra, 2013, p. 16, 以下网址可见：http://www.mofep.gov.gh/sites/default/files/news/2014_Citizens_Budget_Chapter_3.pdf. 感谢美国乐施会的协助。

如员工薪水以及赴加纳的差旅费），但 20 万美元大概足以涵盖所有额外的花费。然而，我们无从得知的是，如果乐施会没有介入的话，这笔石油利润中会有多少被用于农业，尤其是用于以扶贫为目标的农业发展项目。如果没有乐施会的干预，政府可能也会实现同样令人满意的结果。更可能的情形是，在没有乐施会提供帮助的情况下，部分石油利润（但没有那么多）也会被用于以扶贫为目标的农业项目。不过，同所涉及的资金数目相比，乐施会花费极低。这就是说，即使我们非常保守地估计，乐施会只能使得 15% 的额外石油利润中的 1% 被用于帮助加纳的极端贫困人群（也就是说，否则不然，这笔利润中的一分钱都不会用于帮助穷人），即慈善机构的行动的预期值仍然在 1 亿 1600 万美元中占 1%，也就是 116 万美元，对于 20 万美元的花销而言，这也意味着其投资回报率是 580%。另一种计算方法则是提出下面这个问题：乐施会的游说使得石油利润（至少按1000 万美元起算）用于帮助穷人的可能性增加了多少？再一次，即使我们估计这一可能性只有 10%，承认还有 90% 的可能性在于，乐施会的游说或者没有任何影响，或者影响到的资金小于 1000 万美元，那么乐施会的 20 万美元花销的预期值就是 1000 万美元的 10%，也就是 100 万美元，而投资回报率依然是 500%。不仅如此，这一收益还只是基于 2014 年的预算分配情况。如果像预期的那样，石油利润持续数年流入预算，而分配 15% 的这一原则保持不变，那么其多年回报收益将会高得多。诚然，这就需要假设政府不会利用将石油收入投入农业这一行动作为借口，以削减用于农业的其他花销。同时还有待观察的是，这些项目在多大程度上能够令小农户受益，后者才是其扶助目标。所以，下判断还为时尚早，但在这个特定的例子中，乐施会有理由对其游说活动所产生的开销保持乐观。

乐施会的另一项倡议游说行动也令穷人受益，这是一个国际项目，名为"品牌背后"（Behind the Brands）。该项目旨在监督全球十大食品与饮料公司在伦理敏感的问题上不越界，其中包括诸如小农户待遇、可持续使用水和土地、气候变化以及剥削女性等问题。乐施会所采取的游说方案之一，是公布那些为数家大食品企业供货的糖生产商获取土地的手段，并且表明，这些生产商为了扩大生产，将穷人驱逐出他们世代居住的土地（虽然他们没有合法的土地所有文件）。比如，在巴西东北部的伯南布哥，一些渔民家庭自1914年就生活在西瑞赫姆河河口的群岛上。1998年，乌西纳·查比切糖厂（Usina Trapiche）向国家请求使用这片土地。岛民们说，制糖厂在提出申请之后就摧毁了他们的家和小农场，并且进一步用暴力手段威胁那些不肯离开的人。当渔民们重建家园时，家园又被付之一炬。可口可乐和百事可乐都在产品中使用这家制糖厂生产的糖，但直到乐施会进行游说之前，这两家企业都拒绝对其供货商的行为负责。乐施会认为，所有十大食品品牌都应该要求其供货商在获取土地之前，首先获得原住民和地方共同体无条件的事前知情同意，以此表现其具有伦理层面的领导力。雀巢是第一家完全支持这一原则的企业。之后可口可乐公布了一项对供应商和罐装厂攫取土地行为零容忍的政策，承诺公开其蔗糖、大豆和棕榈油的供货商名录并要求他们参加有关社会、环境和人权的评估，并且同乌西纳·查比切糖厂一道处理了与西瑞赫姆河居民的纠纷。在 2014 年，百事可乐也接受了对供货商负责的原则。英联食品集团（Associated British Foods）是非洲最大的糖生产商，位列"十大"食品公司名单，现在也承诺履行该原则。[①] 这些政策承诺所带来的益处比加纳的石油利润更难以量化，但是从长久来看，它们同样非常重要。

政治倡议是个有吸引力的选项，因为这回应了某些批评者的观点，他们认为援助行动对于解决全球贫困来说只是治标不治本的做法。改变不利于发展中国家的不平等贸易行为是一种方式，通过这种方式，我们可以试着找出导致贫困的原因（或者至少其中某些原因）。比如，我们可以尝试减少所谓的资源诅咒这一悖论带来的影响（即：在贫穷国家，发现石油和矿产等自然资源很有可能不会降低贫困程度，反而可能加重贫困）。这部分是由于大型出口产业使得国家货币升值，从而导致本地制造业在国际市场上更难具备竞争力。因为相比石油和矿产行业，制造业才是劳动密集型产业，而制造业失去竞争力则会导致失业加剧。然而，另一个因素则是腐败。在许多情况下，外国企业为了得到资源开采的权利而花费数十

---

① 参见 Oxfam International, *Sugar Rush*, October 2, 2013, http://www.oxfam.org/ sites/ www.oxfam.org/files/bn-sugar-rush-land-supply-chains-food-beverage- companies– 021013-en_1.pdf; 以及 Oxfam International, "PepsiCo Declares 'Zero Tolerance' for Land Grabs in Supply Chain," March 18, 2014, http://www.oxfam.org/en/ grow/ pressroom/pressrelease/2014–03–18/pepsico-declares-zero-tolerance-land- grabs- supply-chain。

亿美元，其中大部分进了政府官员的腰包，这些人又将钱转移到海外的秘密账户中。从资源丰富的发展中国家流出的非法资金通常是这些国家所获援助金额的很多倍。比如说，安哥拉在 2000 ~ 2008年间的非法资金流动达 340 亿美元，是其在同期获得的官方发展援助资金的 9 倍。[①] 显然，这些财富本来属于该国公民，而他们现在却无法享受这笔财富的好处，但这还不是腐败造成的最大害处。那些等待着某个人出来掌控政府的富人们提高了军事政变或武装起义的可能性，最终可能导致灾难性的内战。出于这一原因，许多反贫困组织都加入了《采掘业透明度倡议》(*Extractive Industries Transparency Initiative*)，同政府和公司一道施行一项国际标准，要求外国企业对于其购买资源使用权的资金保持透明，而资源丰富国家的政府对其接收和使用资金情况也保持透明。如果这一倡议能对采掘业造成的腐败施加影响，那它将成为反贫困组织所投入资金的最富实效的使用形式之一。

名为"一个"(ONE)的游说和倡议组织——U2 主唱波诺(Bono)是其共同创始人之一——是专注于消灭极端贫困且以倡议工作为唯一目标的最大规模组织。该组织拥有 160 名员工，并宣称有 400 万名成员，组织会号召成员们签写请愿书或联系政治领袖，但不会要

---

① 参见：Organization for Economic Cooperation and Development, DAC International Network on Conflict and Fragility, *Fragile States 2013: Resource Flows and Trends in a Shifting World*, http://www.oecd.org/dac/incaf/FragileStates2013. pdf, pp. 78–79。

求成员捐款。① 相反，"一个"的资金几乎全都来源于基金会的资助。基金会的资金是否得到了合理的利用？有时候似乎是这样。在 2011 年，"一个"为了要求各国履行其对"全球疫苗与免疫联盟"（Global Alliance for Vaccines and Immunization）的承诺而进行宣传活动。在 2011 年 6 月，各国政府对"全球疫苗与免疫联盟"承诺的拨款达到 430 亿美元，是"一个"当年总花费 2900 万美元的 100 倍之多。但"一个"可以合理地宣称自己在其中起了多大作用呢？如果能起 1% 的作用，那么"一个"的每一分花销都物有所值。在 2011 年，"一个"还推进了其他的宣传活动，包括与志同道合的组织合作，使得"为非洲之角发出的联合国联合呼吁"（UN Consolidated Appeal for the Horn of Africa）成为联合国为人道紧急救援发出的呼吁中资金最充足的。此外，它还帮助达成了促使欧盟委员会同意对采掘行业的透明度提出法律要求的宣传活动。同年，"一个"追踪了 G8 国家履行其 2009 年在拉奎拉峰会上做出的关于金融和援助实效承诺的进展，并将其公之于众。另一方面，2011 年可能是其成果尤为丰硕的一年。2012 年是欧洲经济紧缩的年份，"一个"的主要成就在于降低欧洲政府对援助预算的削减规模。与美国的援助预算相比，欧洲政府援助预算占国民总收入的比重更大，同时又更好地专注于帮助穷困人

---

① 参见 "About ONE," http://www.one.org/international/about/; 同时参见 GiveWell, "Advocacy for Improved or Increased U.S. Foreign Aid," January 2014, http://www.givewell.org/labs/causes/advocacy-foreign-aid; 以及 GiveWell, "A Conversation with Ben Leo," http://files.givewell.org/files/conversations/Ben%20Leo%209-3-13%20 (public).pdf。

口。所以降低预算的削减规模也是对于"一个"资金的一个很好的运用。[1]

"善捐"同"良好企业"（Good Ventures）——该慈善组织由卡莉·特纳（Cari Tuna）和她的丈夫、互联网企业家达斯汀·莫斯科维茨（Dustin Moskovitz）创立——共同发起了"公开慈善项目"（Open Philanthropy Project），以期在更大范围内（较"善捐"的评估范围而言）对具体的慈善组织进行评估与推荐。该项目不受"善捐"所使用的严格方法的限制，已经为以下主题撰写了综述，例如：资助科学研究、减少全球范围灾难的风险以及改革美国刑事司法制度的尝试等。其中一份综述是关于倡议改进或增加美国的国外援助。在提到几个政策宣传的例子之后（这些例子都可能产生值得追求的结果），该综述得出结论：在我们可以确定地说明宣传小组对于达成这一结果所起的作用之前，我们还需要进行进一步的调查。尽管这份综述最终认为，如果负责倡议的组织确实产生了影响的话，那么投资回报率"将会非常可观"。[2]也就是说，目前我们仍然没有足够的信息来判断，与直接援助项目相比，政策宣传的价值是更高还是更低。

---

[1] 参见 *ONE Annual Report*, 2011, 以及 *ONE Annual Report*, 2012, www.one.org/ international/ annualreport/。

[2] 参见 GiveWell, "Advocacy for Improved or Increased U.S. Foreign Aid," January 2014, http://www.givewell.org/labs/causes/advocacy-foreign-aid。

15

防止人类灭绝

我们会遭遇和恐龙一样的命运吗？现在已经普遍接受的说法是，在6500万年前，一个巨大的小行星或彗星撞击地球，使得过量的尘埃落入大气中，导致地球温度骤降以至于恐龙无法存活。根据美国国家航空航天局（U.S. National Aeronautics and Space Administration）的说法，太空中大型天体间发生撞击"平均每10万年才发生一次，甚至更罕见"。[①]或许下一次，如果天体足够大的话，它将会毁灭人类这一物种。NASA的"近地天体计划"已经在进行探测并追踪有可能与地球相撞的小行星。我们是否也应该将资源用于某些科学研发，以使得我们有能力改变那些撞向我们的天体的运行轨迹？那么其他那些导致灭绝的风险呢？风险可能非常小，但是绝大多数人都认为，人类灭绝是非常糟糕的事情。如果我们致力于行最大的善或阻止最大的恶，那么我们就不应该忽视巨大灾难发生的小概率风险。

---

① 参见 National Aeronautics and Space Administration, Near Earth Object Program, Torino Hazard Scale, http://neo.jpl.nasa.gov/torino_scale.html。

牛津大学人类未来研究所的负责人尼克·博斯特罗姆（Nick Bostrom）使用"存在风险"（existential risk）这个词来表示下面这种情况：其中"某种不利后果或者会毁灭源于地球的所有智慧生命，或者永久且剧烈地剥夺其潜能"。[①] 这里之所以特别指出"起源于地球的智慧生命"，其原因在于，重要的是现存生命的类型（type，即：那种生命是否具有智慧？有没有积极的体验？等等），而不在于其物种（species）。宇宙中的其他地方也许会有智慧生命存在，但是宇宙并不像（比如说）山谷，如果一群鹿被杀掉，其他的食草动物不久就会迁移进来并填补这一生态空白。宇宙过于广袤，而智慧生命的分布又如此分散，因此，源于地球的智慧生命如果灭绝，将不会留下有待填补的新空白，所以这就会导致可能存在的智慧生命的数量急剧下降。

哪些属于主要的存在风险呢？我们有可能降低这些风险吗？除了大型行星撞击地球的风险之外，我们还可能以如下方式灭绝：

※　核战争：虽然自从冷战结束后，这种危险似乎已经不再存在，但是核大国仍然拥有 1.7 万颗核弹头，足以使地球上所有大型动物灭绝，包括我们。[②]

[①] 参见 Nick Bostrom, "Existential Risks: Analyzing Human Extinction Scenarios And Related Hazards," *Journal of Evolution and Technology* 9（2002），以下网址可见：www.jetpress. org/volume9/risks.html。

[②] 参见 Hans Kristensen and Robert Norris, "Global Nuclear Weapons Inventories, 1945—2013," *Bulletin of the Atomic Scientists* 69（2013）: 75—81。

※ 自然产生的流行性疾病：21世纪已经出现了数个致命的、无法治愈的新型病毒。幸运的是，目前还没有一个是高传染性的，但这可能会改变。

※ 生物恐怖主义产生的流行病：被刻意制造出来的病毒可能既是致命的又是高传染性的。

※ 全球变暖：最可能的预测是，下一个世纪，全球变暖会导致地区性的大灾难，但不会导致人类灭绝。然而，我们最大的盲点是反馈回路，比如说，西伯利亚永久冻土层融化所释放出的甲烷可能导致地球不再适合生物居住，这种情形如果不发生在下一个世纪，那就会发生在未来500年内。有了这种时间跨度，我们或许来得及向另一个星球殖民，但是这一点始终无法确定。

※ 纳米科技事故：与该场景相关的是有自我复制功能的小型机器人不断繁殖，直到整个地球都被其覆盖。这也被称为"灰色黏质"（gray goo）场景。让我们祈祷这一现象只存在于科幻小说中。

※ 物理学研究制造出高密度的"奇异物质"：人们一直有种推测，认为大型强子对撞机之类的机器如果发展下去，就可以制造出密度极高的物体，以至于它会不断吸引周围的原子核，直到整个行星成为高密度的球体，其直径将达到100米左右。

※ 来者不善的超级人工智能：有些计算机科学家相信，在这个世纪的某个时刻，人工智能会超过人类并脱离人类的掌控。如果是这样，那么人工智能会变得对人类充满敌意，并因此将我们消灭。

在以上某些场景中，我们很难说风险到底有多大。而在其他场景中，我们或许能够估测风险，但是不知道如何才能降低风险。我用小行星撞击地球的例子开始这一章，是因为我们对这种情况发生的可能性和如何降低这种可能性已经有了大概的了解。如果就像NASA所说的那样，可能导致人类灭绝的、大规模的小行星撞击地球很可能"每10万年才会发生，或者更罕见"，那我们就可以先去考虑应该做什么（如果这个上限是正确的话），然后再考虑"更罕见"的情形会带来哪些影响。所以，我们可以从这样一种理解开始：此类撞击每10万年才会发生一次，那么下个世纪发生这一事件的概率就是1/1000。我们已经说过，NASA正在搜寻并追踪宇宙中可能与我们相撞的天体，但是如果真的发现有足够大的天体正处于撞击地球的轨道，目前我们可没有足以应对的技术能力。无论NASA的追踪系统会不会给予我们充分的警告去发展这种能力（比如说，建造搭载核弹头的火箭来拦截小行星以使其偏离轨道），这一点尚不明确。不过，我们可以现在开始发展这种能力。假设这一项目在下一个十年得出成果需要花费1000亿美元。假设它的使用寿命是100年，那么我们使用该成果的概率就只有1/1000。如果我们不使用它，那就会浪费1000亿美元。为了使这些开销有意义，我们就必然认为，防止人类灭绝的价值要大于1000×1000亿美元，或者说大于100兆亿美元。我们要如何判断这个数字呢？诸如环境保护署（Environmental Protection Agency）和交通部（Department of Transportation）之类的美国政府机构会对一个人类生命做出评估，以确定值得花多少钱来阻止一条生命的死亡。他们目前的估价介于 600 万美元到 910 万美元之间。[①] 如果我们假设小行星撞击地球将发生在 21 世纪中叶，即 2050 年，那时全球人口数量估计会达到 100 亿，而即使 100 兆亿美元均摊到每条生命上也只有 1 万美元。根据美国政府部门的估算，100 兆亿美元甚至无法涵盖超过 3 亿美国公民的生命价值。这就意味着，如果可导致毁灭的小行星每 10 万年撞击我们一次，那么，发展足以使小行星运动方向发生偏转的能力就具有极高的价值。

如果我们再考虑一下 NASA 所谓"甚至更罕见"的场景，并将下个世纪之内、体积足够大的小行星撞击地球的概率从 1∶1000 降低至 1∶100000（这就意味着这样的撞击每一亿年仅发生一次），这样的话又会如何呢？如果我们能够用 1000 亿美元来消除这一发生概率小得多的风险，这看起来依然是非常有价值的，因为就算我们相对保守地将每个人的生命价值估算为 100 万美元，消除小行星撞地球的风险看起来依然极有价值。

至此我们只考虑了行星撞击地球时所造成的人类生命损失。但这远非全部。它将地球上其他物种的灭绝和人类未来世代的生命损失都排除在外。为了简明起见，我们可以聚焦于人类未来世代的损失。这有多大的不同？德里克·帕菲特（Derek Parfit）邀请我们比

---

① 参见 Binyamin Appelbaum, "As U.S. Agencies Put More Value on a Life, Businesses Fret," *New York Times*, February 16, 2011.

较地球的三种可能的未来，由此提出了我们眼下正在考虑的这个问题：

1. 和平；
2. 核武战争杀死全世界 99% 的生命；
3. 核武战争杀死全世界所有的生命。

帕菲特做出了如下评论：

2 比 1 更糟，3 比 2 更糟。这二者之间哪一个差距更大？大多数人会认为是 1 和 2 之间差距更大。我却相信 2 和 3 之间的差别要远远大于 1 和 2 之间的差别……在接下来至少 10 亿年之内，地球仍然适合人类居住。区区数千年之前，人类文明才诞生。如果我们不毁灭人类，那几千年不过是整个人类文明史中极微小的一个片段。因此，2 和 3 之间的差别就是这一小部分与剩下的整个人类文明历史之间的差别。如果我们将这一可能发生的历史比作一天，那么迄今为止发生的所有事情不过相当于一秒钟的一小部分。①

博斯特罗姆也有类似的观点，在讨论的一开始，他先邀请我们"假设保持一条生命的质量和持续时间不变，其价值并不取决于它何时诞生或是否已经存在于世，也不取决于它因为未来的事件和选

①参见 Derek Parfit, *Reasons and Persons*（Oxford: Clarendon Press, 1984），453—454。

择而降生"。[①] 这一假设蕴含了一点，即：如果生命的质量和持续时间相同，那么当一个活着的人死去时，由此造成的损失并不比少形成一个胎儿所造成的损失更大。事实上，其他因素（例如一个人去世给家人造成的悲伤）会影响我们对于"一个人死去"这件事情有多么糟糕的整体判断，就好比一个新的人没有受孕而形成胎儿一样。博斯特罗姆讨论的只是关于生命价值的更为抽象的问题，并没有谈到其他的事情，不过像这样考虑一个生命的价值就会让本书第七章中所讨论的那种不偏不倚的观点变得更有争议性。

如果我们接受博斯特罗姆的假设，如果我们像帕菲特和博斯特罗姆那样，同意生命应该得到积极的重视（无论是已经存在的生命还是即将降生的生命），那么人类灭绝带来的损失将高于 2050 年灭绝发生时 100 亿人的死亡所造成的损失。博斯特罗姆采取了帕菲特的看法，认为地球在未来 10 亿年之内依然适于居住，并建议我们保守地假设，其时人口将保持在 10 亿人左右。这就相当于 10 亿亿（10^{18} 或 100 万的三次方）的生命年。即使是如此巨大的数字，一旦同博斯特罗姆在其著作《超智能》（*Superintelligence*）中得出的数字相比，依然微小到几乎不存在。在这本书中，博斯特罗姆考虑了未来人类可能在多少颗行星上殖民，以及有多大可能发展出存在于计算机运行程序之中，而非生物大脑之中的有意识的心灵。他承认有意识的计算机可能存在，而这可能产生 10^{58} 个有心灵的生命。

---

① 参见 Nick Bostrom, "Existential Risk Prevention as Global Priority," *Global Policy* 4（2013）：16。

为了帮助我们理解如此巨大的数字，博斯特罗姆写道："如果我们用一滴眼泪的喜悦来代表一个人一生中经历的全部幸福，那么这些灵魂的幸福每秒钟都可以重新填满地球的海洋，并且持续 1000 亿亿年。"[1] 然而，就算我们不去考虑上述推测性的场景，只要我们接受博斯特罗姆关于人类生命价值的假设，那么降低存在风险就决定了我们对于预期效用的计算。即使我们采取更加"保守的"数字，10^{18} 生命年这个数字也是如此巨大，以至于轻微降低人类灭绝风险的预期效用足以超过我们所能产生的任何善。

如果降低存在风险是如此重要，那为什么它受到的关注却如此之少？博斯特罗姆提出了几个理由。其中一个是，迄今为止从未发生过灭绝性的大灾难，所以灾难的发生看起来离我们十分遥远。就像博斯特罗姆所说的，这个话题已经"被末日论贩子和妄想狂所包围"，因此没有任何意义。其他原因则类似于我们讨论过的、阻碍人们捐出更多款项来减少全球贫困的那种心理障碍：缺少可辨认的受害者，以及责任分散从而导致没有特定的个人、机构或者国家在解决这一问题方面承担更大的责任。[2] 我已经论证，实效利他主义者更倾向于受理性而非情感的影响，因此很有可能会为那些可以产

---

[1] 参见 Nick Bostrom, *Superintelligence: Paths, Dangers, Strategies* (Oxford: Oxford University Press, 2014) , 103; 亦参见 Bostrom, "Existential Risk Prevention as Global Priority," 18—19. 关于类似的立场及其论证，参见 Nick Beckstead, "The Overwhelming Importance of Shaping the Far Future" (PhD diss., Rutgers University, 2013)。

[2] 参见 Nick Bostrom, Existential Risk FAQ, version 1.2 (2013) , no. 9, http://www.existential-risk.org/faq.html。

生最大善的项目而捐款，无论是不是有某个可辨认的受害者。然而，存在风险则将这种抽象化又推进了一步，因为那些会因我们降低存在风险而受惠的人群现在大部分都还不存在，如果我们无法扭转这一风险，他们也就永远不会存在。有些人会说，并非只有"移情"这种情感能力无法理解这种进一步的抽象化，就连我们的理性都有可能予以反对。它忽视了生命过早夭亡的真正令人难过之处：它斩断了具体的、活生生的人的生命，使之丧失了实现其计划和目标的机会。如果人们从未降生，他们也就不会有任何计划，不会设定任何目标，因此失去的也就更少。正如这一论证所指出的，地球上智慧生命的灭绝究竟有多糟糕，取决于我们有多看重那些尚未开始或者根本不会降生的生命。

这一观点具有某些不平常的含义，即认为每个生命都是平等的，那个无论我们如何行动都不会影响其存在的生命是这样，那个只有当我们做出特定选择时才能存在的生命也是这样——正是这一点可能会令我们强烈地对之予以反对。然而，主要的功利主义者都赞同这一观点。比如，西季威克写道："很显然，如果我们假定人们所享有的平均幸福值保持不下降，那么功利主义就能指导我们令享受幸福的人数最大化。"[1] 他接着问道，如果人数的增加导致平均幸福水平降低，但还不足以完全抵消额外增加的人数所带来的幸福总量的增加，那么功利主义者应该怎么做。他的答案是：我们应该以最

---

[1] 参见 Henry Sidgwick, *The Methods of Ethics*, 7th ed.（London: Macmillan, 1907），415。

大的幸福总量为目标，而不是追求最高的平均值。然而，博斯特罗姆对这个问题并没有提出自己的看法，因为他认为，如果我们能在此后的一两个世纪内免于灭绝，我们将会发展出让生活变得比今天更好的方法，这样一来幸福的总量和平均值都会增加。

除了博斯特罗姆的假设，还有另一种观点，我在其他地方称之为优先存在观：如果人类（或者更宽泛地说，有感受力的生物）存在与否同我们所选择的所作所为无关，那我们应该尽可能使他们幸福，但是没有义务去试着赋予那些除非我们做出行动，否则可能不会存在的人以生命。[1] 这一观点与人们通常的信念相符，即：我们没有繁殖的义务，哪怕一个人有能力给他的孩子一个良好的生活起点，而且孩子们也有可能过上幸福的生活。然而它却遭遇了强烈的反对。如果我们为了解决自己的环境问题而一致同意在水源中放入绝育剂，由此选择成为地球上最后一代，这种做法是否正确？总体上假设这真的是每一个人想要的选择，而且没有人对无法生育孩子感到难过或是对人类灭绝而感到困扰。每个人想要的是一种奢侈的生活方式（它需要燃烧大量的化石燃料），而对留给子孙后代一个枯竭的地球这一点却毫不感到愧疚。（如果你想要知道非人类动物将遭遇什么，那就假设我们也会找到使它们全部绝育的方式）如果

---

[1] 参见 Peter Singer, *Practical Ethics*, 3d ed. (Cambridge: Cambridge University Press, 2011), 88—90, 107—119; 关于这个问题，近来有一个对我的观点的论述比我这里所写的更加充分，参见 Katarzyna de Lazari-Radek and Peter Singer, *The Point of View of the Universe* (Oxford: Oxford University Press, 2014), 361—377。

地球上的智慧生命结束其非凡的历史，而且没有损害任何人的利益，这是不是伦理上可接受的？如果不是，那么优先存在观就不是我们判断未来存在者之价值的恰当观点。①

实际上，就像防止小行星撞击地球的例子所表明的，支持降低某些可能导致灭绝的风险的理由其实是非常强的——无论我们降低该风险是为了保存那些已经存在的生命，还是为了保存那些无论我们做什么未来都会存在的生命，还是为了只有当智慧生命继续在地球上存在时才会出现的未来世代。在这场令人困惑的、关于仅仅作为未来可能存在的子孙后代之价值的哲学讨论中，最迫切的问题在于，我们为了降低灭绝风险而应该付出多少努力。就算我们采取博斯特罗姆的更为保守的计算并以此来计算可预期效用，降低存在风险看起来也应该优先于其他类型的慈善行动。资源是稀缺的，利他主义的捐助则尤为稀缺，因此实效利他主义者为了降低存在风险而捐出的善款越多，能够用来帮助处于极端贫困的人或减少动物苦难的资金就越少。降低存在风险真的应该优先于其他慈善事业吗？博斯特罗姆主动得出了这个结论："无限制的利他主义还没有普遍到能够支持我们把资源浪费在大量功效并非最高却自我感觉良好的项目上。如果通过提高存在安全而令人类受益的行为所产生的善，在

---

① 对于这种认为已存在或将会独立于我们的选择而存在的生命具有优先性的观点，已经有很多批评，其中最有影响力的批评来自：Parfit, *Reasons and Persons*, part 4. 近来有一个在灭绝风险的语境下对相关观点提出的讨论，参见 Beckstead, "The Overwhelming Importance of Shaping the Far Future," chaps. 4, 5。

一定范围内的多个量级上都多于其他行善方式所产生的善，那么我们就应该专注于这个最富实效的慈善事业。"① 将"捐款帮助改善全球贫困现状或减少动物苦难"说成是"自我感觉良好的项目"，说将资源用于这些方面"完全是浪费"，这种说法太严厉了。这无疑反映了博斯特罗姆的沮丧心态，因为降低存在风险没有得到应有的重视。不过使用这种表达方式可能会适得其反。我们需要鼓励更多的人成为实效利他主义者，与那些旨在降低存在风险的慈善事业相比，诸如帮助全球贫困人口之类的目标更有可能吸引人们像实效利他主义者那样思考和行动。而如果实效利他主义者的人数越多，那么其中有人（至少有一部分人）关心降低存在风险问题并提供资源来支持这一事业的可能性就越大。

降低存在风险是最富实效的慈善形式，对于这个结论，有一个障碍在于，通常我们并不是很清楚要如何降低该风险。博斯特罗姆自己写道："如何将存在风险最小化，对此尚无确切的解决方法。"② 也不是所有的存在风险都是这样。关于如何阻止小行星撞击地球，我们已经掌握了足够的知识并着手为该项目展开工作。但是对于其他许多风险来说，我们确实不具备这样的知识。如何才能阻止生态恐怖主义？研究细菌的科学家如今的处境与"二战"前研究原子物理的科学家类似。那时候的物理学家讨论过他们是否应该公布有关

---

① 参见 Bostrom, "Existential Risk Prevention as Global Priority," 19。
② 同上，26。

如何建造最具杀伤力的炸弹的相关材料。其中一些材料被公布，德国、英国和美国的科学家也都注意到了这一点。幸运的是，纳粹并没有成功造出原子弹。如今，无论是为了善还是为了恶，我们都不可能将核武器封在箱子里。这方面有不少例子，我们只举其中一个：在生命科学领域，纽约州立大学石溪分校的研究者人工合成了一种活脊髓灰质炎病毒。他们在《科学》杂志上发表了结果，并称："这一病毒是种警告，恐怖分子可能无须拥有自然病毒就可以制造出生化武器。"① 这项研究及其发表是否降低了导致人类灭绝的生化恐怖主义的风险？还是说，它提醒那些潜在的生化恐怖分子注意到存在着人工合成新病毒的可能性？对此我们又如何能够确定呢？

　　某些实效利他主义者对人工智能发展中潜藏的危险已经表现出特殊的兴趣。他们认为问题在于确信人工智能是友好的——他们的意思是：对人类友好。卢克·米尔豪泽（Luke Muehlauser）是机器智能研究所（Machine Intelligence Research Institute，MIRI）的执行所长，他论证说，一旦我们发展出足够复杂以至于可以开始自我更新的人工智能，一连串的深度发展也将随之展开，"到那时，我们可能就像不能说话的大猩猩一样，只能看着那些新新'人类'发明火、农业、写作、科学、枪支、飞机并且控制整个世界。就像大

---

① 参见 A. Pollack, "Scientists Create a Live Polio Virus," *New York Times*, July 2, 2002. 我从下面这篇文章中读到了这条文献以及本段中的其他观点：Michael Selgelid, "Governance of Dual-Use Research: An Ethical Dilemma," *Bulletin of the World Health Organization* 87（2009）：720—723。

猩猩一样，到那时，我们没有地位去和比我们先进的人工智能谈条件。我们的未来取决于他们的想法。"①这一比喻很生动，但也有两面性。诚然，人类作为高等智慧生命的进化对大猩猩来说是坏事，但对人类来说是好事。一件事究竟是坏事还是好事，"从宇宙的角度来看"（用西季威克的话说）是有争议的，但是如果人类生命所具有的积极价值足以抵消我们施加于动物身上的痛苦，如果我们能够抱有希望、认为未来无论是人类还是动物都能生活得更好，那么这最终看来可能是好事。别忘了博斯特罗姆对于"存在风险"所给出的定义，它指的不是人类灭绝，而是"源于地球的智慧生命"的灭绝。我们人类被其他某种形式的、有感受力的智慧生命所取代，这件事情从不偏不倚的观点来看，本身并不是灾难性的。即使智能机器杀掉所有现存的人类，就像我们已经看到的，那也只是丧失了非常小的一部分价值，而帕菲特和博斯特罗姆都认为，价值的丧失其实是由那些源于地球的智慧生命灭绝所引起的。因此，人工智能发展所带来的风险不在于人工智能是否对人类友好，而在于人工智能是否有助于促进它所遇到的一切有感受力的生物的普遍福祉——当然也包括它自己。如果本书第八章给出的论证具有一定程度的合理性，那么拥有高度发达的理性思考能力的生物就更有能力采取不偏不倚的伦理立场，因此我们就有某种理由相信，即使我们自己不

---

① 参见 Luke Muehlhauser, *Facing the Intelligence Explosion*, chap. 13, 以下网址可见：intelligenceexplosion.com/2012/intelligence-explosion。

做任何特定的努力，超级智能生物（无论是生理上的还是机械上的）都会尽可能行最大的善。

如果我们对如何降低某些存在风险有充分的理解，而对其他风险则缺少清晰的了解，那么我们可能最好还是致力于降低那些我们有充分理解的风险，而仅仅花费适度的资源用于研究如何可能降低那些我们目前尚缺乏必要了解的风险。

对那些赞同帕菲特和博斯特罗姆的观点的人来说——他们认为最重要的是要确保在地球上保存至少某些智慧生命（即使99%的地球都遭到毁灭），另一个策略则是建造一个安全的、有充分物资储备的避难所，用以保护数百人免受大规模的灾难（否则人类可能就完全灭绝了）。避难所可以保存不同的种族，在进入避难所之前需通过基因多样性的筛选和传染病筛查。[①] 即便如此，避难所也无法保护其居住者免于前文提到的各种灭绝可能。不仅如此，这样一个避难所的存在可能会产生另一种风险：政治领袖或许更愿意让他人的生命暴露于危险之中，如果他们知道自己和家人能够在核战争或其他冒进政策所导致的灾难中活下来的话。但如果国家领导人不能进入避难所的话，这一风险就可以避免，但鉴于现行的某些政治体系，我们很难看到如何防止政治领导人进入避难所。

在本章中，我已经探讨了一些进一步的争论，哲学家和一些更具哲学思维的实效利他主义者都介入了这些争论。如果上述讨论

---

① Nick Bostrom 就提出了这样一个建议，见 http://www.existential-risk.org/faq. html#10。

走上了某些奇怪的方向，我们也不必介意。我们应该都能同意的一项共同策略在于，逐步降低人类灭绝的风险，同时这些步骤也能颇富实效地令现存的有知觉生物受益。比如说，停止或减少动物产品的消费，这会令动物受益，会减少温室气体排放并且降低因工厂化养殖动物而进化出某种病毒，从而导致大规模流行病的可能性——工厂化的农业养殖可是滋生各种病毒的温床。因此，看来这就是我们最应该优先采取的策略。其他策略则可以提供直接的益处并降低存在风险，比如增加女性受教育的机会并为女性赋权（女性不像男性那么具有攻击性），让女性在国内和国际事务中拥有更多的话语权，这样就可以降低核战争发生的可能性。事实表明，增加女性受教育的机会有助于引导她们生育数量更少，但是也更健康的孩子，而这就会令我们有更大的把握将世界人口稳定在一个可持续发展的水平。

后　记

当我于2014年8月完成这本书的时候，很容易觉得，世界越来越多地掌控在某些人手中：他们对苦难无动于衷，为了自己的民族主义或宗教目标而轻易残杀他人的生命。新闻头条充斥着各种各样的行动及其导致的后果，可以说它们与实效利他主义处于道德光谱的两极。乌克兰的民间武装同当局发生武装冲突，使得数百人在地面丧生；而一架民航客机被导弹炸毁，这又导致将近300人死于空中。以色列和巴勒斯坦之间长期以来的纷争又一次带来致命的后果，哈马斯从其隐蔽于人口密集地区的据点发射火箭弹，而以色列的武装部队已经造成平民和军方人员的严重伤亡。伊拉克和阿富汗的冲突在加剧，叙利亚的内战还在继续，这个不幸的国家看不到有任何希望通向一个更好的未来。因此毫不奇怪，为什么当我谈到实效利他主义时，我经常被问到，何以能够对人性及其利他主义潜能保持乐观。

然而，如果说世界看上去前所未有地充满暴力与危险，这其实可以说是由媒体制造出来的假象。使用暴力的人大量存在，但我们今天若随机选取一个人的话，其遭遇他人的暴力行为从而导致死亡的概率实际上低于人类历史上的任一时期。[①] "北美地区继续维持和平"（或者欧洲大部分国家，或是中国、印度或南美）对于媒体来说并不是适合头版头条的好标题。同样，减少人类苦难、避免过早夭亡方面的工作持续取得稳定进展，这在媒体看来也不是好标题。

这里有一个持续取得进展的例子。2009 年，当我撰写《你能拯救的生命》一书时，我提到了联合国儿童基金会关于儿童死亡的最新报告。报告显示，每年几乎有 1000 万名孩子由于本来可以避免的、由贫困引发的原因而死亡。第二年，当该书的平装本出版时，该数字减少为不到 900 万。就在我完成这本书的时候，联合国最新的报告显示是 630 万。在这五年中，每一天死于可预防疾病的儿童人数从 27000 下降到 17000。我绝对不是要低估在叙利亚发生的悲剧，那是当前各种冲突中最为残忍血腥的暴行，但即便在叙利亚，过去三年中平均每天死亡的人数也已经降到 150 人以下。[②] 如果这一损失令我们感到推动世界进步毫无希望，那么下面这个事实或许能够令世界图景恢复一点平衡：每天死亡的儿童人数不到 10000 名，因为利他主义者为保护这些孩子免生疟疾、麻疹、腹泻和肺炎等疾病所做的努力，对于拯救其生命来说发挥了重要作用。这一事实也激励我们努力采取更多的行动，直到大规模死于可预防疾病的情况不

① 参见 Steven Pinker, *The Better Angels of Our Nature*（New York: Viking, 2011）。

② 关于叙利亚内战的伤亡人数估计，参见 http://en.wikipedia. org/wiki/Casualties_of_the_Syrian_Civil_War. 在我写作本书时，其中的最高值为 171509，时间跨度为三年多一点，这就意味着每日平均死亡人数为 144。

再发生。

当我在描述一些实效利他主义者的生活时，我强调了他们的与众不同之处，并努力表明这一新运动如何能为伦理生活带来新的可能性。因此，我可能给人留下了这种印象：对大多数人来说，成为实效利他主义者要求我们做出极端的选择，比如说，捐出一半收入给富有实效的慈善机构，选择那些能够赚得更多的职业以便能够捐出更多的善款，向某个陌生人捐出肾脏，等等。在结束这本书的时候，我应该重申，大部分与实效利他主义有关的人依然拥有两个肾脏，依然从事在他们听说实效利他主义之前就选择或者计划要选择的工作，而且，他们更有可能捐出收入的 1/10，而不是一半。

实效利他主义是伦理行为的一种进步，也是我们的理性思考能力在实际应用中的一种进步。我已经将它描述成一场正在兴起的运动，这个描述就意味着它将持续发展和扩散。如果真的是这样，那么一旦有了足够多的实效利他主义者，若有人将"尽我所能行最大的善"作为其重要的人生目标，也就不会再显得奇怪了。如果实效利他主义真的成为主流，我希望它能更快地传播开来，因为到那时，人们就会发现，做大量的善事并因此对自己的人生感觉更加良好，并不是件难事。实效利他主义者会不会达到足够多的人数，以及如果能达到这个目标、何时会达到，这都取决于全世界的人共同准备好迎接一种全新的伦理理想——尽其所能，行最大的善。

译 后 记

　　哲学能不能改变世界？如何改变世界？这或许是每一个哲学家、哲学从业者和学习哲学的人在心里问过自己无数遍的问题。对于这个问题，大概没有人比彼得·辛格更有发言权了。作为公认的最有影响力的在世哲学家之一，辛格自 20 世纪 70 年代以来通过一系列论著推动了实践伦理学的发展，并且身体力行地从事慈善事业：他和妻子已经连续数十年、每年将一定比例的收入捐给慈善机构。20 世纪 70 年代，他们的捐款比例大约占收入的 10%，如今已经提高到 1/3，并且还在努力提高捐款比例，达到 1/2。[①] 不仅如此，辛格还影响了很多学生、朋友和读者。在接触到他的思想和论述之后，这些人决定改变自己的生活方式并做出了重大的职业和生活选择，因为从辛格那里，他们认识到：作为人类社会的一分子，我们不能只是活着，而是要努力过一种伦理生活，努力令这个问题重重的世界变得更好。

　　然而，做善事并不像我们通常以为的那样，需要的只是善良、

---

① 参见本书第二章。

帮助他人的意愿、一定的经济实力、社会责任感以及行动力。在辛格看来，行善最需要的，恰恰是以往最为人们所忽视的东西——充分的信息、客观的分析以及理智的决策。他的理由其实很清楚：我们生活的这个世界充满了危机和问题，我们的资源有限而需要解决的问题太多，所以每一个想要改变世界的人就不得不做出优先排序——如何获得足够的钱财去捐助慈善？在捐款数额有限的情况下，应该首先选择捐助哪些人群、哪些项目、哪些组织？"好钢用在刀刃上"，这是我们每一个人都从长辈那里听说过的家传智慧，也是辛格一直以来试图表明的道理。但是现在更为迫切的问题出现了：如何获得好钢？哪里才是刀刃呢？

这正是《行最大的善》一书所要探讨的核心问题。事实上，这本书也是他于2010年出版的《你能拯救的生命》（*The Life You Can Save*）一书的延续：在《你能拯救的生命》中，辛格试图令人们接受一个观点，即：我们有义务去帮助那些身处遥远的贫困国家之中的、不知姓名的贫困人口，就像我们有义务去搭救某个近在眼前、容貌清晰可辨的落水孩童一样。这两种义务一样强，并不因为国别、民族、距离远近、陌生或熟悉等差异而有任何差别。而在《行最大的善》这本书中，辛格更通过一系列的具体事例明确表示，捐款去帮助遥远国家的陌生人在某些情况下甚至更具有优先性，比如说：与捐款修缮本地的艺术博物馆相比，捐款令全球最贫困地区的贫困人口免受饥饿和疾病的威胁，这无疑是更明智的选择，因为后者能够产生更大的实际效用，更为切实地帮助更多的人。

辛格的这个主张实际上是为我们判断"何为刀刃"提供了一个标准。如果我们认为"最大限度地帮助全世界的人类和动物减轻苦难"是一切慈善事业应该追求的首要目标，并认为"最富实效地使用每一笔善款"是达到这个目标的最有效途径，那么我们自然就会知道哪里才是"刀刃"：就是那些将经费用于在全球范围内消除贫困的、最富实效的慈善组织。因此，我们就必然要对于各种慈善机构的宗旨、项目性质、开展情况、经费使用以及实际效果等方面进行评估，这就需要同样注重实效的专业慈善评估机构来为各家慈善组织进行评分，而捐款人在决定向何处捐款时，最需要参考的是这些专业评估结果，而不是慈善机构发放的各种宣传小册子、公益广告、媒体报道甚至熟人介绍。辛格力图向我们表明，只有这样，我们才能保证善款中的每一分钱都用在了该用的地方，而我们的每一个帮助他人的良好意愿和实际行动才能发挥其最大的效用，产生最好的效果。

　　接下来的问题是，作为一个能力有限的个体，我们要如何获得"好钢"、尽最大可能筹措善款呢？在《行最大的善》中，辛格为我们介绍了很多具体的例子，这些人可以被称为"实效利他主义者"，因为他们不仅同意"好钢要用在刀刃上"，主张行善应该注重实效和理性判断，而且他们还相信，人生的意义不仅在于满足自我的需求，同时也在于、或者说主要在于帮助他人过上更好的、更有尊严的生活。这些实效利他主义者通过各种方式筹措资金并定期捐赠，而且都持续了相当长的时间——数年、数十年甚至一生。大体说来，作为个人而言，最富实效的资金筹措方式有以下两种：第一，在进行职业选择的时候，选择那些能够更加切实有效地积累资源的工作（比如高收入职业，比如那些能够参与制定决策、决定扶贫经费划拨去向的职业），而不是那些更为理想化或者符合个人兴趣的职业。例如，作为哲学家的辛格在书中不止一次地提到，如果真想切实有效地帮助他人，那么从事金融业就比做哲学更好，因为金融业的薪水更高，能够挣到更多的钱来捐给慈善机构。（清醒又诚实的哲学家！）第二，定期捐赠一定比例的收入。实效利他主义者并不一定都得是高收入人群，薪水的高低也不是行最大善的决定因素。最重要的因素在于一个人如何支配自己的收入，也就是说，重要的是为自己选择怎样的生活方式。在辛格所举的例子中，有很多人并没有从事高薪职业，有些人的生活在普通人眼中甚至称得上拮据，但是他们仍然捐出了大部分收入去帮助其他国家的贫困人口。辛格认为，这两种方式在行善的实际效用方面都一样好，都符合实效利他主义的行动准则，并且都能最大限度地改变现实、切实有效地行善助人。

基于上述，辛格认为，实效利他主义的出现是一件令人振奋的事，因为这种立场在以下四个方面明显有别于传统的慈善理念：首先，正如其名称所表明的，实效利他主义看重的是慈善捐助所能产生的实际效果，而这些实际效果尤为明显地体现在减轻全球范围内的贫困、饥荒、疾病等问题，切实有效地减少人类和动物所遭受的苦难，改善其生活状况并增进福祉。其次，关于何为"切实有效"这个问题，实效利他主义看重的是理性选择和客观判断，而不是简单的热心肠或情感冲动。实效利他主义者主张，我们在做善事的时候，应该由理性，而不是由情感来主导我们的决定与行动。第三，有越来越多的实效利他主义者出现，而实效利他主义作为一场运动正在兴起，这充分表明了利他主义在现实中是可能的。第四，实效利他主义并不是仅仅以他人为导向的伦理准则，而是一个人为自己选择的生活态度与生活方式。成为一个实效利他主义者、按照这种原则生活并不要求一个人做出自我牺牲，相反，它能够令人在帮助他人的同时实现自我价值并感受到真正的快乐。

不过，尽管辛格在书中对实效利他主义者做出了清晰而生动的肖像描绘，更系统也更有力地论述了自己的理论主张，但这并不意味着人们都能接受和赞同他的观点。恰恰相反，这本书就像辛格的其他著作一样，也引起了广泛的讨论与批评，其中的两个批评焦点分别在于"实效"与"利他主义"：就前者而言，既然实效利他主义看重实际的行善效果并以此作为最根本的判断标准，这就立即招致了功利主义长期遭受的经典批评——标准过于单一和外在，既无法回应价值多元的外部世界和道德生活的实际要求，也不符合人性自身的复杂与丰富。而任何一个单一的价值标准，无论它是多么合理或有效，都不能构成我们在各种价值之间进行衡量和取舍的唯一标准。同样，人类做出一个选择和行动的理由可以是多种多样的，而那些由于情感、欲望或冲动而做出的选择和行动不仅是自然和难以避免的，在某些情况下甚至是更值得称赞的。比如说，如果一个人是出于勇敢或同情而去搭救落水的孩童，我们会为此感动并赞赏他的勇气。而如果他是出于某种理性考虑、认为救下这个孩子有助于增进最大善而这么做，我们难免会觉得他有点古怪甚至冷漠。因此，仅仅以"实效"作为唯一的或者最重要的价值标准，仅仅以对于实效的理性计算作为选择和行动的动机，这在日常直观看来，是不合常理甚至不近人情的。

另一方面，就"利他主义"而言，一个经典的批评在于质疑利他主义在现实生活中是否可能，毕竟人类在某种意义上是以自我为中心的动物，"自我"构成了一个人感知、理解、欲望、选择和行动等一系列基本的心理认知和实际行动的基础，而为自我谋求利益以获得生存和发展的基本条件更是任何一种动物的求生本能。出于这个原因，历史上各种试图为利他主义提出的辩护都被认为是不成功的，因为无论是诉诸进化还是种群、无论是诉诸宗教还是政治共同体，我们都无法证明，严格意义上的利他主义在普遍范围内是可能的。而即使在小范围内确实偶然存在着利他主义者，即使这些人确实无条件地将他人的利益看作自己生活中至关重要的东西，也不太可能将利他主义作为某个单一的道德原则普遍加以推广，因为这意味着对于个体提出了过于严苛的道德要求，而这可能会破坏一个人的完整性和对于美好生活的整体感受。因此，如果一种伦理理论要求人们总是以他人的福祉作为最高甚至全部的生活目标，甚至要求人们为了他人或共同体的利益而牺牲自我利益，那么这种过高的道德要求也是不合理或者不现实的。

针对实效利他主义提出的上述批评不可避免地带有不同程度的

误解或夸张，但是它们共同表明了一点：无论是在哲学反思层面，还是在实际的道德生活之中，实效利他主义对于我们的常识与直观都构成了挑战。辛格非常清楚地意识到这一点，因此，他在《行最大的善》这本书中一改以往的写作方式，不再将论述的焦点放在哲学论辩上面，而是提供了大量的实例来澄清"效用"究竟是什么，来说明出于理性而非情感去做善事的重要性究竟在哪里以及利他主义是不是真的可能存在。在这里，我无意为辛格或是实效利他主义提出辩护，但是我想，注意到以下几点或许有助于我们更加恰当地理解和评价辛格与实效利他主义。首先，基于汉语语境的特殊性以及不算恰当的翻译，作为一种哲学立场的"功利主义"长久以来遭到了严重的误解，被等同于"功利至上的利己主义"（这里的"功利"恐怕还被理解成了"功名利禄"这种最表浅的世俗价值）。事实上，从早期到当代的各种版本的功利主义（utilitarianism）所强调的都不是一己之私利，恰恰相反，功利主义者看重和追求的是整个社会的最大福祉。因此，当辛格在本书中主张以"实效"或者"效用"作为最重要的价值衡量标准时，他的着眼点在于促进全球范围内的人类福祉，而不是在倡导经济利益的最大化，更不是要否定人文、艺术等传统上被认为"非功利"的人类价值。其次，辛格所说的"利他主义"并不是狭义的、排除了一切自我理解和自我感受的利他主义。他曾于2015年在《中国新闻周刊》上撰文指出 [1]，利他主义者

---

[1] 参见 http://www.dooland.com/magazine/article_648820.html。

当然会从帮助他人的行为中感到快乐，但这种快乐是行动的结果而非动机，因此并不意味着这些行动不是利他的。而如果我们采取一个过于狭隘的利他主义概念，反而会因此而错失最重要的东西，即：道德生活的理想状况就在于，我们为了促进他人利益而做出的选择与行动，与促进我们自身的利益是一致的，二者并不冲突。

最后，值得指出的是，《行最大的善》一书原本是辛格于2013年在耶鲁大学所做的一系列讲座的内容，在此基础上整理成书。也就是说，当辛格在介绍那些利他主义者、阐述他们的生活理念和职业选择的时候，他当初面对的听众其实正是那些就读于美国精英大学的、20岁左右的大学生。这些学生可能来自显赫而富有的家族，也可能来自普通甚至贫穷的家庭；他们将来可能成为律师、金融家、政要、艺术家、社会活动家或知识分子，也可能成为白手起家的创业人士或者普普通通的老百姓。但是无论他们的背景如何、未来去向如何，至少在这样几场讲座中、在这样一本书的篇幅里，他们能够通过辛格了解到，在这个世界上，有一些人在过着与世俗观念不同的生活——他们是为了行最大的善、为了令这个世界变得更好而为自己选择了特定的职业和生活。这样，在未来的某一天，当这些学生（或是读者）要为自己选择某一种职业或者生活方式的时候，他/她就会意识到，在现有的常规选择之外，或许还可以有另一种考虑，或许世界向自己开放了另一种可能。而对于一个即将展开人生旅程的年轻人来说，没有比"另一种可能性"更宝贵的礼物了。而这大概也是彼得·辛格与实效利他主义给予这个世界的最好礼物。

本书的翻译由姜雪竹和陈玮共同完成：姜雪竹译出了初稿，陈玮在此基础上做了修改和校译，并补译了注释。感谢黄新萍耐心而细致的编辑工作，感谢徐向东帮助审校全书并提出了重要的修改意见。全书的校译工作有一半是译者在耶鲁大学麦克米兰研究中心访学时完成，在此我们要特别感谢中心在学术资源和思想交流方面所给予的大力支持。

　　译文中如有错漏之处，还请读者诸君见谅并恳请来信告知（ctt117@zju.edu.cn），以便以后有机会再做修改。在此提前感谢各位！

陈玮
2018 年夏日
杭州，港湾家园

2013年，彼得·辛格在耶鲁大学的"伦理学、政治学与经济学"凯索讲座上提到过本书的部分内容。

　　凯索讲座由约翰·K. 凯索先生资助。该讲座是为了纪念凯索先生的前辈、尊敬的詹姆士·皮尔庞特，他是耶鲁大学的创始人之一。凯索讲座所邀请的主讲人都是卓有建树的知名人士，旨在促进对社会和政府的道德基础进行反思，并提高人们对于我们这个复杂的现代社会中个人所面临的伦理问题的理解。